徽湖说房
有问必答

徽湖　湖编　编著

中国建筑工业出版社

图书在版编目（CIP）数据

徽湖说房：有问必答 / 徽湖，湖编编著. —北京：
中国建筑工业出版社，2018.11
ISBN 978-7-112-22618-4

Ⅰ.①徽… Ⅱ.①徽…②湖… Ⅲ.①房地产市场—
中国—问题解答 Ⅳ.①F299.233.5-44

中国版本图书馆CIP数据核字（2018）第200046号

本书是徽湖老师凭借20多年行业从业经验，对当前楼市政策、市场、投资等方面的真知灼见。房产是家庭财富的主要载体，也是货币资金的主要投向。通胀背景下，国内中产家庭如何实现保值增值，涉及资产配置。本书让你了解楼市的真相，指导你如何进行楼市投资；以及如何选择靠谱优质的项目。无论是笔者的行业经验，还是操作方法，相信读完此书后，你会独立思考观察这个世界，"智富"人生。

责任编辑：毕凤鸣
书籍设计：锋尚设计
责任校对：赵　菲

徽湖说房　有问必答
徽湖　湖编　编著

*
中国建筑工业出版社出版、发行（北京海淀三里河路9号）
各地新华书店、建筑书店经销
北京锋尚制版有限公司制版
北京建筑工业印刷厂印刷
*
开本：787毫米×1092毫米　1/16　印张：13¼　字数：207千字
2022年1月第一版　2022年1月第一次印刷
定价：**49.00**元
ISBN 978-7-112-22618-4
（32708）

目录

001

第一章
婚姻家庭中的房屋产权问题

021

第二章

房、地交易中的抵押、借贷问题

第三章
购房中的房贷问题　041

第四章
购房中的户口问题　053

093

第七章
买房时易被房产商"忽悠"的地方

第八章
买卖房屋容易忽视的问题
113

第九章
买卖房屋的其他问题
129

第十章
买房须知（一）　149

163
第十一章
买房须知（二）

第十二章
看房看什么
179

第十三章
房地产投资技巧
193

夫妻名字都在房产
证上，离婚时他一
分钱也没分到?

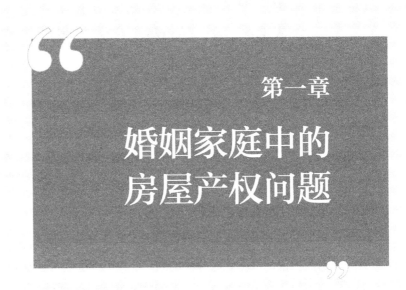

第一章

婚姻家庭中的
房屋产权问题

城镇户口子女能否
继承农村宅基地?

子女未必能
完全继承父
母房产?

婚前共同出资购房，
登记在双方名下，
离婚时未必平分

第一节
夫妻买房，未成年子女上房产证有没有必要？

杨姐咨询我，她想与老公离婚，两人婚后买了一套房子，该套房子目前市场价值近300万元，她当时的问题：孩子名字不在房产证上，如果夫妻离婚后，孩子随母亲生活，孩子能不能分得相应的份额？答案：如果孩子的名字没有在房产证上，夫妻离婚时，孩子不能分得任何份额。那问题来了，是不是买房时一律把未成年子女名字放在房产证上，就比较好呢？

首先，如果父母离婚要分财产，子女名字在房产证上当然就有产权，而且谁有孩子的监护权，谁就管理孩子的财产，在约定份额平分的情况下，就能拿到房子的三分之二。如果只是将未成年孩子的名字加在房产证上，但没有约定份额，在离婚分割的时候，法院一般并不必然平均分割，有可能适当降低未成年子女的比例，而增加父母的比例，调整的幅度一般在5%～10%。

其次，即使父母不离婚，也存在以下好处：可以规避以后有可能实行的遗产税；以后想把房子转给孩子，可以省一笔费用，无须支付过户费。

但是，购房时房产证上写了孩子的名字，到孩子成年后，那么处置房屋的权利就不全在父母手里了，成年子女按其在产权中占有的份额或作为共同共有人，有权选择是否同意出售，同时也有权享有出售收益。

如果属于共有的财产，也可以主张分割房屋；父母要房子的情况下，必须给子女折价款。尤其是父母与子女关系闹得很僵的时候，房产也必须依法分割。这时候，父母很可能会非常后悔当年将孩子的名字写在房产证上。孩子成年后，如果独立买房，有可能多付契税，孩子结婚后，买家庭第二套房时可能交房产税。

那父母买房时究竟应该怎么办呢？折中的办法是：可以到公证处做公证，约定子女未成年时和父母共有房产，在父母生前，权益属于父母所有。这从法律角度看，就是做一个附条件或附期限的赠与合同。虽然，作为不动产的赠与，在过户之前赠与人是可以撤销的，但是经过公证的赠与合同是不能撤销的。

第二节
夫妻名字都在房产证上，离婚时他一分钱也没分到？

小丽与小浩登记结婚，双方婚姻存续期间购买了北京市朝阳区一小区房屋，并登记为小浩与小丽共同共有。

买了房子，夫妻俩还签了一个《婚内协议书》，约定不论是在婚姻存续期间还是离婚，房子都归小丽所有，银行贷款也由小丽来还。但这个协议签了之后，夫妻俩并没有及时办理产权变更登记。

不久前，小丽小浩的婚姻却走到了尽头，不仅如此，两人还因为房子产生了纠纷。小丽起诉到法院，一方面请求法院判决她和小浩离婚，另一方面要求判决两人购买的房屋归自己所有。

眼见要离婚，小浩开始反悔，他认为《婚内协议书》是不得已签署的，而且，这一婚内协议是他就夫妻共有房产对小丽的赠与，根据婚姻法司法解释的规定，在房屋产权转移登记之前他有权撤销赠与。因此，小浩请求法院依法分割夫妻共同财产，取得房屋的所有权，按40%比例给付小丽折价款。

法院经审理认为，小浩和小丽在婚后发生矛盾，不能沟通与谅解，夫妻感情确实已破裂，因此判决准许他们离婚。

对于房产，法院查明，房屋由小丽与小浩婚后共同出资购置，登记为共同共有。双方自愿签署《婚内协议书》，明确约定房屋归小丽所有，这些内容都是由小浩起草填写的，小浩对协议约定及执行后果应该是知道的。因此，该协议对双方具有法律约束力。

两人的《婚内协议书》是双方对婚姻期间所得夫妻共同财产进行的约定，而不是一方将个人房产给予另一方的单纯赠与行为，双方签订协议之后房产所有权归小丽所有，小浩不享有房产赠与撤销权。

小丽要求确认房屋归其所有，剩余贷款由其偿还符合法律规定，应予支持。据此法院判决房屋归小丽所有。

现实中，离婚夫妻因为房屋、汽车等财产发生争议比较普遍，究其原因大多是夫妻俩约定将一方个人所有的房产赠与另一方，但没有办理房产过户手续，后双方感情破裂起诉离婚，赠与房产的一方反悔主张撤销赠与，另一方主张继续履行赠与合同。

对这类争议，应该受《民法典》的约束，在房产办理过户手续之前赠与方可撤销赠与，受赠方无法依据双方签订的协议获得房屋的所有权。

但是，对于小浩、小丽夫妻的争议却不能适用这一规定。因为房屋是小浩与小丽婚姻期间购买的房产，登记在双方名下，并非小浩一方的个人财产，而是属于小丽与小浩的夫妻共同财产。双方签订的《婚内协议书》对房屋的权属进行约定，属于"夫妻财产约定"，而非"夫妻房产赠与"，小浩不享有《民法典》规定的撤销赠与权。

根据《民法典》第1065条的规定，夫妻可以约定婚姻关系存续期间所得的财产以及婚前财产归各自所有、共同所有或部分各自所有、部分共同所有。约定应当采用书面形式。由此看，夫妻财产约定，只要是双方的真实意思表示，不违反法律法规的强制性规定，亦不损害社会公共利益和第三人权益，即应认定为有效。即使没有办理物权转移登记，也不影响一方依据协议约定取得财产的所有权。

因此，尽管双方没有办理房产过户变更手续，但双方依然受该协议的约束，小丽在离婚诉讼中依据《婚内协议书》约定取得房屋的所有权。

第三节
"假离婚"会引发怎样的按揭法律风险？

"假离婚"就是为了某种目的而办理离婚手续，在目的达到后又恢复登记结婚的行为。购房者为了规避国家对房屋的限购政策，便采取用"假离婚"的手段，办理离婚手续后以夫妻一方的名义购房，购房后再办理复婚手续。法律上并不存在"假离婚"的定义，所谓的"假离婚"只是夫妻俩一厢情愿的说法。"假离婚"购房者仅仅看到"假离婚"带来的利益，却忽视了其中隐藏的法律风险。

风险一：财产风险

1. 共同财产变成一方的婚前财产

"假离婚"需要夫妻双方办理真实的离婚手续，办理离婚手续的法律后果是离婚前的财产按离婚协议约定确认权属，离婚后重新登记结婚前购买的财产不能依法认定为夫妻共同财产。以北京为例，夫妻有两套房产，办理"假离婚"时约定，离婚后这两套房产归女方所有，那么即使以后复婚了，这两套房产也将成为女方的婚前财产。

2. 一方很可能净身出户

若"假离婚"时约定，共同财产归一方所有，但离婚后双方未复婚，一方很可能面临净身出户的风险。

3. 一方取得的财产将成为个人财产

经过"假离婚"之后，其他财产暂且不论，仅论通过"假离婚"手段购买的房产，即使房屋购买后夫妻双方复婚，这套新购买的房产也只能认定为夫妻一方婚前个人财产，不因结婚行为而成为夫妻共同财产，那么作为婚姻关系的另一方当事人则需要承担此风险，万一婚姻遇到危机，则可能产生无权参与分配此房屋的情况，只因其系夫妻一方婚前个人财产。

4. 丧失相互的继承权

离婚后，双方将丧失相互的继承权及要求对方"扶养"的权利。

风险二：复婚风险

虽然只是假离婚，但很有可能"弄假成真"。假离婚后，若一方想复婚，但另一方不同意，任何人包括法律都不能干涉，更不能强制执行人身行为，强制双方复婚。

风险三：信用风险

当前，我国多数家庭需要通过贷款的形式进行购房，但在贷款之前，银行会采用多种途径了解购房者的实际情况，包括查看户口本、查询个人征信报告、查询家庭成员信息、调查走访等形式了解借款人的各种情况，包括婚姻状况。如果被证明采用欺诈手段骗取了银行房贷，银行有权宣布贷款全部到期，要求借款人一次性偿还贷款。

2017年3月24日，中国人民银行营业管理部发布《关于加强北京地区住房信贷业务风险管理的通知》，要求针对离婚一年内的房贷申请人，商业银行应参照二套房信贷政策执行；申请住房公积金贷款的，按二套住房公积金贷款政策执行。该项规定因为规定了一年的时间，更加大了"假离婚"的风险。

综上，"假离婚"虽然在一定时间内能规避政策享受优惠，但是其风险却是一直存在的，采取此种方法的购房者应谨慎。

第四节

婚前共同出资购房，登记在双方名下，离婚时未必平分

生活中，男女双方在婚前共同出资购房，婚后共同还贷的情况比较普遍。李先生和王女士，婚前共同出资购房，首付40万元，其中李先生出资30万元，王女士出资10万元。婚后，李先生收入较高，由其作为主贷人。王女士后来发现李先生与女同事有不正当关系，并收集到了李先生的短信记录和开房记录，向李先生索赔100万元精神损失费。

法院在分割时考虑双方各自的婚前出资、还贷等情况，李先生可适当多分，最终酌定李先生可分得65%的份额，王女士可分得35%的份额。对于婚后购房，无论登记在哪方名下，也无论两人的出资多少，分割时，一般均是平等分割。而对

于婚前出资购买的房屋，虽然登记为双方共有，但根据《民法典》的规定，婚前的出资在没有特别约定的情况下，应为按份共有；而婚后部分却属于共同共有。

虽然在理论上，此种情况的分割还存在一定的争议，有人认为该案的情况，也应该平等分割。理由是，即使婚前出资不等，由于双方购房的目的为结婚，有明确的共同共有的意思表示。而首付多的一方应视为对另一方的赠与，且该赠与行为已经通过登记完成，不得撤销。同时，对于婚前共同出资购房的夫妻，从法律角度来看，务必保留出资凭证，另一方面一旦离婚涉及房屋分割，应该制定合理的应对方案，积极举证，争取到有利于己方的判决结果。

结婚买房，在大多数人看来是豆浆配油条般，固定搭配着。结婚买房的方式有很多种，有婚前就买好的房，有结婚后夫妻双方共同买的房，还有父母出资买的房……这些情形，怎么认定房子的归属？离婚，又怎么分割这房子呢？

1. 婚前买房（表1-1）

婚前买房出资及归属　　　　　　　　　　表1-1

出资情况	房本署名	司法实践处理
一人出资	结婚前取得房屋产权，房屋落在自己名下，并还清个人贷款或是全款买房的	房屋属个人财产
	结婚前已还清全部贷款，但婚后才取得房本的，房屋落在自己名下的	仍认定为夫妻一人财产，另一方无权要求分割
	结婚前已支付了房屋首付款，并向银行贷款，房屋落在自己名下，婚后用夫妻共同财产还贷的	司法实践中将该房屋认定为个人财产，而夫妻共同还贷支付的款项以及房屋相对应的财产增值部分由双方平分；而尚未偿还的贷款则为产权登记一方的个人债务
	房屋落在对方名下	通常是出资方不具备购房条件的，才以对方名义购房，按共同共有处理。如果没有特殊情形，多会视为以结婚为目的的赠与，按登记方个人财产处理
	房屋落在双方名下	房屋算夫妻共同财产；离婚时不考虑出资情况，一律平分
双方出资	房屋落在夫妻二人名下	房屋属于夫妻共同财产，离婚时不考虑出资状况，一律平分

续表

出资情况	房本署名	司法实践处理
双方出资	房屋只落在一人名下	如果在同居期间，那法院基本会按共同生活期间、以结婚后共同使用为目的，作为共同共有处理，通常不作为按份共有处理
		如果不是同居期间购房，按共同财产处理还是按借款或赠与处理，不确定，法官会综合购房背景、出资数额，尤其是公平角度来判定，没有统一定论

2. 婚后买房（表1-2）

婚后买房出资及归属 表1-2

出资情况	房本署名	司法实践处理
一人以婚前个人财产出资	房屋落在自己名下	如果房屋已经支付了全部房款，房屋算是个人财产的转化，算是个人财产
		如果房屋只是支付了部分首付款，房屋按个人财产处理，只不过，房屋尚未偿还的部分以及房屋增值价值的部分属于夫妻共同财产，属于共同财富
	房屋落在双方名下或是对方名下	房屋算是共同财产，实际算是一方对另一方的赠与，夫妻双方共同共有房产
双方用共同财产买房	房屋落在夫妻二人名下	夫妻共同财产
	房屋只是落在一人名下	夫妻共同财产

3. 父母出资买房（表1-3）

父母出资买房及归属 表1-3

时间	出资人	房屋登记	司法实践
结婚前	一方父母（全额）出资	出资方子女名下	房屋属于夫妻一方婚前个人财产
	一方父母支付了房屋首付款	出资方子女名下	由夫妻二人共同还贷，则离婚时一般会将房子判归登记方所有，由其继续支付剩余贷款。对于婚内共同还贷部分（包括本金和利息）及其产生的增值，则由得房子的一方对另一方做出补偿

续表

时间	出资人	房屋登记	司法实践
结婚前	一方父母支付了房屋首付款	另一方子女名下	一般情况下也认定为夫妻共同财产，而非登记方的个人财产，非登记方有权要求分割房屋。父母明确表示赠与登记方或者双方之间有其他相反约定的除外
		双方子女名下	应认定为双方的共同财产。如果双方约定了共有方式是共同共有或按份共有，并进一步约定了各自份额，则按约定享有产权。如果双方对共有方式没有进行约定，则视为等份共有
	双方父母均出资	房子落在夫妻双方名下	房子属于夫妻共同财产；应当认定父母的出资为对各自子女的赠与，而不能因为产权登记在双方名下就理解为对双方的赠与
		房子落在一方名下	房子属于夫妻公共财产；应当认定为对各自子女的赠与，而不能简单理解为双方父母对一方的赠与。如无其他相反约定，应认定为双方按份共有
结婚后	一方父母全额出资	房子落在出资方儿女名下	房屋属于个人财产；婚姻法司法解释规定，婚后由一方父母出资为子女购买的不动产，产权登记在出资人子女名下的，视为只对自己子女一方的赠与，该不动产应认定为夫妻一方的个人财产
		房子落在对方名下（或双方）	房屋仍属于夫妻共同财产；除非有父母出资时的书面约定或声明，证明此出资是赠与自己子女一方的，一般会认定为对双方的赠与，离婚时按夫妻共同财产进行分割
	一方父母部分出资（或付首付款）婚后双方共同还贷	房子落在出资方子女名下（或双方子女名下）	房屋应认定为夫妻共同财产，父母出资部分视为对双方的赠与，但父母明确表示赠与一方的除外。离婚分割时出资父母的子女一方可以适当多分
	双方父母出资	房子落在一人名下	这种情形较为常见，而且争议颇多，司法实践多按夫妻共同财产处理。根据《民法典》规定，该不动产可认定为双方按照各自父母的出资份额按份共有，但当事人另有约定的除外
		房子落在双方名下	房屋属于夫妻共同财产

4. 离婚判决时对房产不予处理的情况（表1-4）

离婚判决时对房产不予处理的情况　　　　表1-4

情形	司法实践
离婚时尚未取得房本： 夫妻一方婚前付了部分房款，婚后共同还贷，或一方用个人财产还贷，但房屋增值，离婚时，尚未取得房产证的房屋	没有房本前先住着，有了房本后另行起诉
房本有第三人名字	法院一般不会将其主动追加为第三人，而是采取如下措施： （1）根据当事人的申请，对房屋部分的财产分割不予审理，由当事人另案起诉； （2）根据当事人的申请，将案件中止审理，告诉当事人另行提起析产之诉，后根据析产之诉的判决结果，对夫妻共有部分的房屋进行分割

第五节
父母子女之间房屋产权过户哪种方式最省钱？

1. **房产赠与**

房产赠与的主要费用是契税、公证费和个人所得税。赠与中的个人所得税，一般按照房屋差价的20%或房屋总价的1%来征收。无偿赠与配偶、父母、子女、（外）祖父母、（外）孙子女、兄弟姐妹，以及无偿赠与对其承担直接抚养或赡养义务的抚养人或赡养人，免征收个税。

赠与的房产契税比较高，且还需要缴纳公证费，如果个税不能免征，则也是一笔不小的开支。对于赠与的房产，银行一般会认定受赠方免费接受赠与的行为，没有实际交易产生，因此受赠房屋不能办理按揭贷款。

2. **房产继承**

房产继承的主要费用是公证费，与赠与相比，房产继承的税费支出是最低的了。因为继承的房产没有增值税、个税和契税。

房产继承需要满足以下条件：一是被继承人去世，如果被继承人没有死亡，继承关系就不会发生，只有在被继承人死亡以后，继承权才会成为既得权；二是遗嘱继承权的实现，必须存在被继承人生前立有合法遗嘱；三是继承人依法取得的遗产，必须是被继承人生前个人所有的合法财产或者是依法可以继承的其他合法财产权益。不能把家庭共有财产、夫妻共有财产以及合伙财产不加分割作为遗产来继承。在实际操作中，因为继承是遗产人去世后才可以进行产权过户，所以这种过户方式的人比较少。

3. 房产买卖

房屋买卖的主要税费是增值税、契税和个人所得税。

对于非普通住房的过户，首套房的过户契税在1%～1.5%，低于赠与过户产生的契税。所以，房子想要给子女，对于家庭只有一套房的小户型住房来说卖给她是比较好的方式，操作起来简单方便且各种税费也相比房产赠与要少很多。如果是家庭多套住宅或144m²以上大户型，直系亲属之间赠与过户更省钱。

注：契税2021年新规夫妻过户、子女继承房产免征契税；同时，契税2021年新规法定继承人通过继承承受土地、房屋权属，免征契税。

第六节
子女未必能完全继承父母房产

张女士的父母先后去世，留下一套价值200万元的房子。此房产一直登记在张女士父亲名下，她现在想去过户，但却在公证处碰壁。

这套房产是张女士父母的婚内共同财产，父亲去世后，1/2房产归母亲，剩余1/2房产属父亲遗产由母亲、张女士和奶奶（爷爷先于父亲去世）三人平分，母亲因此共分得2/3房产，张女士和奶奶各分得1/6房产。奶奶过世后，属于奶奶的1/6房产由张女士的父亲四兄弟姐妹转继承，每人可分得1/24房产。因张女士大伯和父亲先于奶奶过世，由晚辈直系血亲代位继承，张女士因此再获1/24房产……张女士母亲现在过世，只有她一个继承人（外公外婆早已去世），母亲的财产全由张女士继承，因此又获2/3房产。综上，张女士共获得1/6＋1/24＋2/3＝7/8的房产。

根据《民法典》相关法律规定，遗产有两种继承方式，分别是法定继承和遗嘱继承。那么，在被继承人死亡后，如果没有遗嘱，则会进入法定继承。按照法律，法定继承关系中排在第一顺序继承的人包括：配偶、子女、父母。这就意味着，一旦被继承人死亡，如果生前并没有遗嘱，则他的房产会被配偶、子女、父母继承。当被继承人的父母也去世，部分遗产则会被其兄弟姐妹继承。

除此以外，办理继承手续非常繁琐，例如需要出具亲属关系证明等，实际生活中因为无法办理证明文件导致继承手续搁置、无法继承的情况十分常见。因此，为了让子女更好地继承自己的房产，最好是办理公证遗嘱。

法律对遗嘱房产继承办理过户手续究竟是怎样规定的？

《关于房产登记管理中加强公证的联合通知》第二条规定的"遗嘱人为处分房产而设立的遗嘱，应当办理公证"。

此外，2016年1月1日起实施的《不动产登记暂行条例实施细则》第14条规定："继承、受遗赠取得不动产，当事人申请登记的，应当提交死亡证明材料、遗嘱或者全部法定继承人关于不动产分配的协议以及与被继承人的亲属关系材料等，也可以提交经公证的材料或者生效的法律文书。"

注：在2021年正式实施的《民法典》中，对继承问题出台了最新规定。第一，继承范围扩大，增加了代位继承，子女有可能继承不了自己父母的房子；第二，公证遗嘱不再具有优先级，增加了打印录音像和口头遗嘱以及"遗嘱最新第一"原则；第三，财产继承，男女平等；第四，新增加遗嘱的"宽恕"制度；第五，为了防止立遗嘱的真实性，增加了"见证人"规定，必须有2名见证人在场才行。

第七节

城镇户口子女能否继承农村宅基地?

根据《土地管理法》和国土资源部《关于加强农村宅基地管理的意见》的规定,宅基地属于农民集体所有,农村村民一户只能拥有一处宅基地,村民申请取得宅基地后可自己建房。而农村宅基地使用权的拥有也是不能通过继承所得的。所以拥有城市户口的你是不可能拥有宅基地使用权的。

1. 我国《民法典》关于继承的规定中,所列遗产的范围中有房屋

所谓房屋的继承是指被继承人死亡后,其房产归其遗嘱继承人或法定继承人所有。因此,只有被继承人的房屋具有合法产权才能被继承。

公民的房屋属于个人的合法财产,按照我国《民法典》的规定是可以继承的。

不论是农村村民,还是城市户口的公民,都可以按照《民法典》的规定享受继承权,并且有权按照个人的意愿处置个人所有的房产,即城市户口的公民可以继承农村房屋。但是城市户口的公民在继承农村房屋时还要受到《土地管理法》的限制。

城市公民只能继承农村宅基地上的房屋,而对支撑此房屋的宅基地是不可以作为遗产继承的。根据前述《土地管理法》和相关法律法规的规定,宅基地是农民基于集体经济组织成员身份而享有的用于修建住宅的集体建设用地,农民无须交纳任何土地费用即可取得,是一种福利性质的,一般来讲不能继承。但宅基地上建成的房屋则属于公民个人财产,可以继承。

对于所继承的房屋及宅基地使用权的继承问题,实践中通常分情况处理。

如果继承人是本集体经济组织成员,符合宅基地申请条件的,可以经批准后取得被继承房屋及其宅基地;如果不符合申请条件,则可以将房屋卖给本村其他符合申请条件的;如果不愿出卖,则该房屋不得翻建、改建、扩建,待处于不可居住状态时,宅基地由集体经济组织收回。继承人如果是城市居民,比照上述不符合宅基地申请条件的情形处理。也就是说,按照法律规定的地随房走的原则,城市居民可

以基于房屋所有权而继续使用宅基地，但是不得进行翻建、改建、扩建等。

2. 农村房屋怎么继承办理

房产继承手续必须经过房屋评估、继承公证、申请产权登记等办理过程。凡领取产权证的房屋，当房屋的权属人死亡后，其合法继承人就可以申请办理该房屋继承登记。

（1）房屋评估。首先必须通过评估公司对房屋进行市值评估。评估公司会根据房屋所处的路段、楼龄等重要因素，做出专业的价格分析和楼价评估，定出准确的物业市值价格。

（2）继承公证。申请人应当到房屋所在地的公证处办理继承公证，领取继承公证书。在办理公证时，必须提供房屋权属人的死亡证明书、合法机关出具的合法继承人名单证明，以及原房屋权属人立有的遗嘱，亦应提交遗嘱原件。若部分合法继承人自愿放弃继承权，必须出具放弃财产承诺证明。

（3）房屋测绘。申请人须到房地产测绘部门申请办理房屋面积测绘或转绘手续，领取测绘成果或者附图，以便办理产权登记手续。

（4）继承登记。申请人持房地产权证、继承公证书、房屋测绘等证明到房地产交易中心申请继承登记手续。填写《房地产产权登记申请书》，并递交上述资料后，办案人员将收件立案受理并核发回执。待一切资料审核后，即发放已更改权属人的房产证明。

（5）规定需递交的其他资料。如涉及该房屋权属等事项是法院判决、裁定或调解的，必须缴交法院判决书、裁定书或调解书等。如该房屋经实地测绘，发现已经改建或存在违法建设的，必须提交规划部门的报建审核书或处理决定书。

所以，房屋该继承就继承。不过一定注意：一旦宅基地上的房屋毁坏消失，或者房屋闲置两年以上，那么宅基地也会被集体收回的。

3. 如果遇到拆迁的话，城市户口的子女可以获得拆迁补偿款吗？

当然可以！

如果子女是城市户口，农村的父母留下的房产，是可以和村集体成员一同获得补偿款的，农村宅基地房屋的拆迁补偿可以分为两种：一种是对地上建筑物的补偿，也就是房屋所有权是归产权人所有的，作为父母的遗产，无论户口在哪里，子女都有权继承；另外一种是对宅基上土地使用权的补偿，土地的使用权并不属于遗产部分，所以不能继承。

第八节
多个产权人时，所有产权人都应该到场么？

在房屋买卖时经常遇到这种情况：产权人是一家三口，但签约的时候只来了一个"一家之主"，收了定金签了居间协议，房价上涨，这"一家之主"忽然就做不了主了……在这种情况下，买家能不能要求双倍返还定金呢？

卖方王阿姨一家，王阿姨一人出面，签了居间协议并收了5万元定金后，老公和儿子又说不同意卖房了……买方童老板无奈起诉要求双倍返还定金10万元，法院会支持吗？

2016年初，童老板决定购买一套装修精致的一室户，虽然产权证上显示的是三个人，王阿姨和老公及儿子，但中介通知收定金的时候，只来了王阿姨一个人："我们家的事儿，我说的算""他们都听我的""我签字算数，不行你找我"，看老太太十分自信的样子，的确像一家之主，童老板也就相信了，但是在中介的程序性要求下，还是让王阿姨写了份书面承诺"由于产权人老张、小张未能到场签字，王秀玲代为签字，愿承担一切法律责任。"然后，童老板向王阿姨支付了5万元定金，约定30天后网签。

网签日期临近，卖家却明确表示拒绝出售，产权人老张："谁说过让她代签字啦？她压根儿没跟我们商量，就这个价格，我是不会卖的"；产权人王阿姨："我是觉得这个价格可以的，没想到回去以后他们都不同意……这事儿我也挺不好意思的，大不了我把定金还给你，你再去看别的房子好了嘛！"都快一个月了，房价也涨了不少，把定金退给我就算了？逗人玩儿呢？

买家愤然起诉，要求双倍返还定金，起诉状：卖家书面承诺"一致同意售房，否则承担一切后果"，现卖家拒绝网签，属违约行为，因此要求其按照合同约定承担定金罚则：双倍返还定金共10万元。

法庭审理：法官问原告，"产权人有几个，你知道不知道呀？"

原告童老板："这个我当然知道啊，产证复印件上写着三个人，老太太也说了，还有两个产权人上班，来不了。"

法官问原告："那你有没有看到另两个人委托给老太太的公证委托书呀。"

原告童老板："这个倒没有，但老太太说得非常肯定，她能做主，还写了承诺书呢？"

法官问原告："你凭什么相信她有代理权呢？"

原告童老板："……感觉吧！"

法院判决：买家没有尽到审慎义务，也有过错，因此对其双倍返还定金的诉讼请求不予支持。判决卖家退还定金5万元。

总结：定金罚则是用来惩罚违约方，保护无过错方的，如果守约方也存在过错，那么只能拿回定金。

产权人多人，"一家之主"出面签约收钱的情况下：

（1）有公证委托书：可以签《居间合同》，也可以付定金，但同时需要核实并保留《公证书》。

（2）没有《公证委托书》：书面承诺并没有你想象得那么好使！要么先签，然后马上让其他人补签，要么干脆放弃。

第九节
不同婚姻状态对住房按揭贷款审批的影响

家庭拥有住房套数的多少是商品房限购政策的重要方面，涉及首套、二套的认定，而许多购房人为了规避限购政策，选择离婚。北京"3.24"限购政策规定对离婚一年内的贷款人实施差别化住房信贷政策，从严防控信贷风险。不同婚姻状态对按揭住房贷款的影响：

1. 不同婚姻状态需要提供和签署的文件不同

一个人的婚姻状态可大致区分为以下几种：单身、已婚、离异未再婚。贷款申请人须如实向贷款银行陈述其婚姻状态，并向银行工作人员提供相应的证明。以某商业银行为例，单身人士需要签署未婚声明，已婚人士需要提供结婚证，离异未再婚人士需要提供离婚证、离婚协议或者法院调解或判决离婚的文书并签署未再婚声明。有过两次或多次婚姻的人需要提供历次的离婚证明。银行工作人员会核实借款申请人提供的婚姻证明材料是否与征信报告和户口簿婚姻状态上记载的一致，不一致的需要借款申请人做出合理的说明。认可该婚姻证明文件后，银行工作人员会留存文件的复印件。

2. 不同婚姻状态对首套、二套认定的套数影响

按照北京"3.17"新政，居民家庭名下在本市无住房且无商业性住房贷款记录、公积金住房贷款记录的，购买普通自住房的，执行现行首套房政策。居民家庭名下在本市已拥有1套住房，以及在本市无住房但有商业性住房贷款记录或公积金住房贷款记录的，执行二套政策。如果借款申请人为单身人士或离异未再婚人士，则仅需查询本人的住房贷款记录；如果借款申请人为已婚人士，则需要查询本人及其配偶的住房贷款记录。首套、二套的认定决定了借款申请人可贷款的最高额，"3.17"新政策下，认定为首套的，购买普通自住房的贷款比例不高于35%，购买非普通自住房的贷款比例不高于40%（自住型商品住房、两限房等政策性住房除外）；认定为二套的，购买普通自住房的贷款比例不高于60%，购买非普通自住房的贷款比例不高于80%。另外，"3.24"新政明确表明，对于离婚一年以内的房贷申请人，各商业银行应参照二套房信贷政策执行；申请住房公积金贷款的，按二套住房公积金贷款政策执行。

3. 不同婚姻状态对收入要求的影响

借款人申请个人住房贷款，其月收入需要满足：月收入＞（本次贷款的月还款额＋月物业管理费＋其他负债的月还款额）×2。其他负债的月还款额一般为车贷、房贷、消费贷或者能从借款人个人征信报告上查询出来的贷款。借款申请人为已婚人士的，如本人月收入不能满足上述公式，可以让其配偶提供收入证明，从而达到月收入（二人）＞（本次贷款的月还款额＋月物业管理费＋其他负债的月还款额）×2。借款申请人为离异未再婚人士或为单身人士的，其月收入满足上述公式即可。但离异未再婚人士的其他月负债还应考虑离婚协议或离婚调解书、离婚判决书中的负债情况。

第十节
夫妻之间答应赠与房产，反悔、后悔、效力该如何认定

我国法定夫妻财产制是婚后所得共同制。但在这个原则之外，我国同样承认夫妻对财产可以进约定。有效的夫妻财产约定须具备民事法律行为的有效要件。在实践中，容易引起争议的是夫妻之间财产赠与的问题，尤其是房产的赠与。下面笔者将通过两个案例简要分析婚姻关系存续期间及离婚时房产赠与的效力。

案例一

周某婚前购买位于甲区的房屋一套，原告刘某（女）与被告周某（男）婚姻关系存续期间，刘某与周某订立书面的赠与协议，约定将上述房屋赠与刘某，但一直未办理产权变更手续，2015年双方在民政部门协议离婚，离婚协议中并未涉及房屋。2016年6月，刘某向法院提起诉讼，要求周某履行赠与合同，协助其办理房屋产权变更手续。

案例二

杨某（男）与黄某（女）在婚姻关系存续期间购买位于乙区的房屋一套，登记在杨某名下，2014年9月，杨某与黄某在民政局协议离婚，约定上述房屋归婚生子杨某所有，离婚后，杨某未办理产权变更手续，并诉至法院要求解除上述赠与合同，房屋依法分割。

注：《民法典》第一千零六十五条"男女双方可以约定婚姻关系存续期间所得的财产以及婚前财产归各自所有、共同所有或者部分各自所有、部分共同所有。约定应当采用书面形式。没有约定或者约定不明确的，适用本法第一千零六十二条、第一千零六十三条的规定。夫妻对婚姻关系存续期间所得的财产以及婚前财产的约定，对双方具有法律约束力。夫妻对婚姻关系存续期间所得的财产约定归各自所有，夫或者妻一方对外所负的债务，相对人知道该约定的，以夫或者妻一方的个人财产清偿。"与《婚姻法》第十九条并无实质性区别，主要在于二者的相关司法解释规定的不同。

《最高人民法院关于适用〈中华人民共和国民法典〉婚姻家庭编的解释（一）》第三十二条"婚前或者婚姻关系存续期间，当事人约定将一方所有的房产赠与另一方或者共有，赠与方在赠与房产变更等级之前撤销赠与，另一方请求判令继续履行的，人民法院可以按照民法典第六百五十八条的规定处理。"明确规定了夫妻双方约定共有房产但未办理过户登记的，仍可以撤销。

基于《最高人民法院关于适用〈中华人民共和国民法典〉婚姻家庭编的解释（一）》第三十二条的规定，在《民法典》施行后，签订夫妻财产协议涉及需进行权属变更登记的财产的，未完成权利变更登记前，均可适用赠与撤销权。

"

第二章

房、地交易中的
抵押、借贷问题

"

"
等额本金和等额本息，哪种还款
方式最省钱

商业贷款如何转为
公积金贷款
"

第一节
房、地分别抵押，权利如何划分

2016年，张为了融资，将仅有的一栋楼房于4月1日抵押给了李，仅办理了房屋抵押登记。4月20日，张又将建造该楼房的建设用地抵押给王，仅办理了建设用地使用权抵押登记。在此种情况下，该楼房及楼房的建设用地的抵押权应如何划分呢？

根据《民法典》第397条规定：一建筑物抵押的，应当将该建筑物占用范围内的建设用地使用权一并抵押。以建设用地使用权抵押的，该土地上的建筑物一并抵押。抵押人未依照前款规定一并抵押的，未抵押的财产视为一并抵押。也就是说，不管是办理了建筑物抵押登记还是建筑物占用范围内的建设用地使用权的抵押登记，都应该同时办理另一项的抵押登记。如果只办理了建筑物的抵押登记或只办理了建设用地使用权抵押登记，均视为两项已经一并抵押。4月1日，李因视为一并抵押，同时取得房屋占用范围内的建设用地使用权之抵押权，且处于第一顺位。4月20日，王因为时间在后而处于第二顺位。两个"视为一并抵押"就导致该楼房和楼房占用范围内的建设用地均构成重复抵押，李第一顺位，王第二顺位。因此，楼房及楼房占用范围内的建设用地使用权的抵押权归李享有。王仅对房屋占用范围之外的建设用地单独享有抵押权。

第二节
物权的按份共有人优先购买权的行使期限

小婷和她的闺蜜合伙买了一套房子，房子由小婷和其闺蜜共同出资共同还贷，产权份额比例5∶5。因为各种原因，其闺蜜需要套现。同等条件下，小婷是有优先购买权的，那么小婷的优先购买权的行使期限应当怎么界定呢？

《最高人民法院关于适用〈中华人民共和国民法典〉物权编的解释（一）》

第十一条规定，优先购买权的行使期间，按份共有人之间有约定的，按照约定处理；没有约定或者约定不明的，按照下列情形确定：

（一）转让人向其他按份共有人发出的包含同等条件内容的通知中载明行使期间的，以该期间为准；

（二）通知中未载明行使期间，或者载明的期间短于通知送达之日起十五日的，为十五日；

（三）转让人未通知的，为其他按份共有人知道或者应当知道最终确定的同等条件之日起十五日；

（四）转让人未通知，且无法确定其他按份共有人知道或者应当知道最终确定的同等条件的，为共有份额权属转移之日起六个月。

第三节
房屋抵押担保中的风险控制
——以《租赁合同》防范风险适用之情形

在生活中我们经常会遇到许多与房屋抵押相关的问题。例如，担保公司希望债务人提供抵押反担保，但是如果仅仅签订担保合同不办理抵押登记，该如何控制风险？押权人要善用《房屋租赁合同》控制风险。租赁合同生效之后发生的买卖、抵押等处分行为不能对抗原有的租赁合同。

《最高人民法院关于审理城镇房屋租赁合同纠纷案件具体应用法律若干问题的解释》第十四条规定："租赁房屋在租赁期间发生所有权变动，承租人请求房屋受让人继续履行原租赁合同的，人民法院应予以支持。但租赁房屋具有下列情形或者当事人另有约定的除外：（一）房屋在出租前已设立抵押权，因抵押权人实现抵押权发生所有权变动的；（二）房屋在出租前已被人民法院依法查封的。"

也就是说在抵押权生效之后发生的租赁行为不能对抗因行使抵押权而发生的转让行为。

1. 房屋未取得房产证不能办理抵押登记

如甲想找乙小额贷款公司借款30万元，但是甲只有价值80万元的新房子可以提供担保，而且因为开发商的原因，该房的房产证一直没有给他，因为甲有还款源，乙公司愿意借款给甲；但为了防范房产证办理出来之后，甲将房子抵押或者卖出的风险，乙公司要求甲将其房子出租给乙公司，且其对该房屋具有转租并收取租金的权利。因为租赁期限最长为20年，为了保障甲的第二还款来源，乙通过签订两份租赁合同的方式（第一份租赁期限为40年，第二份租赁期限为20年）将租赁期限设置为40年。

在这个案例中因为甲的第一还款源有保障，所以第二还款源可以适当放低，但是为了防范甲借钱后擅自转让房屋逃避债务的道德风险，乙小额贷款公司要求甲将其房出租给乙小额贷款公司，根据"买卖不破租赁"原则，即便签订租赁合同之后甲公司转让出租房屋，对乙小额贷款公司的影响也不大。

2. 房屋解除抵押后重新设置抵押权

五年前甲在单位附近按揭贷款购买了一套小户型住房，现该房屋已经升值到100万元，但还欠银行按揭款20万元。甲所在的单位两个月前搬迁到城市的另一边，甲考虑上班方便，打算在单位新址附近买一套住房，还差40万元，但是甲不愿卖掉旧房融资买新房。甲希望先解除旧房抵押，再通过抵押贷款的方式买新房，但是解除旧房抵押需要先还清欠付银行的20万元按揭款，于是甲找到乙担保公司要求提供担保。乙担保公司决定通过委托贷款方式或者以提供担保方式帮助甲贷款20万元支付给按揭银行，解除房屋抵押。解除抵押的房屋再反担保抵押给担保公司，担保公司帮助其从银行获得贷款60万元，归还前期的贷款20万元，剩余40万元用于购买新的住房。

但是乙担保公司的交易模式存在一个潜在的风险就是乙担保公司在担保甲贷款20万元时，完全是靠信用担保，若是甲在旧房屋解除抵押后，不再将解除抵押的房屋抵押反担保给乙担保公司，那么乙担保公司不仅不能收取后60万元贷款的担保费，而且前20万元的担保债权也无任何保障。为防范这种风险，乙担保公司可以在解除抵押之前先与甲签订《房屋租赁合同》防范解除抵押后甲擅自处分房屋。当然在此种情况下，乙担保公司也可以通过顺位抵押登记的方式控制风险。

3. 担保人激励反担保人直接偿还债务

甲公司向乙银行借款，由丙担保公司为甲公司向乙银行提供连带责任保证担保；在甲公司向丙担保公司提供的反担保措施中，除了甲公司自身向丙担保公司提供房屋抵押反担保之外，再由丁为甲公司向丙担保公司提供连带责任保证反担保。后甲公司财务状况恶化，乙银行要求丙担保公司提前还款。经乙银行同意后，丙担保公司希望由丁直接向乙银行还款，丁也愿意，但是丁担心还款后，自己的债权没有保障。

为了消除反担保人直接偿还债务后其债权得不到保障的顾虑，担保人可以要求债务人就提供抵押反担保的房屋再签订两份租赁合同（一份租期为40年，另一份租期为20年），并约定担保人享有转租并收取租金的权利。当出现反担保人直接清偿债务的情况时，担保人可以将抵押物转租给反担保人。但是此种签订租赁合同的交易方式只能防止债务人擅自转让抵押房屋，承租人的债权没有优先受偿效力。为了保障担保人和反担保人的追偿权，可以以顺位抵押的方式保障其优先受偿权。

第四节
房屋抵押担保中的风险防范措施
——以顺位抵押保障自己的追偿权

当我们遇到房屋抵押相关问题的时候，除了通过租赁合同来防范风险外，还可以以顺位抵押来保障自己的追偿权。

顺位抵押不属于我国的法律专用术语，我国法律明确规定的是余额抵押。余额抵押也称再抵押，是指在同一房屋的部分价值上设定抵押权后，在其余价值上再设定其他抵押权，即各个抵押关系不重叠，所担保的债务金额总计起来不超过该房屋的总价值。

《担保法》第35条第2款规定："财产抵押后，该财产的价值大于所担保债权的余额部分，可以再次抵押，但不得超出其余额部分。"再抵押制度对于充分发挥物的价值，为民事主体的融资方便提供了制度安排。而顺位抵押实质上是重复抵押，是指抵押人将同一房屋在设定抵押权后，又向其他抵押权人设定担保的行为。重复抵押致使同一房屋上有数个抵押权人，形成数个抵押关系，其担保债权的价值总额不超过该房屋的价值。

国外一般都承认重复抵押的效力，首先，重复抵押的制度安排符合意思自治原则，无论是债权人还是债务人在彼此知道重复抵押的情况下愿意接受重复抵押的安排，签订重复抵押的合同，表明其愿意承担重复抵押的风险；其次，重复抵押制度为民事主体融资提供方便，对民事主体的生存和发展具有决定性的意义；再次，就实务层面而言，虽然当事人为融资提供了抵押，但真正依赖抵押权保障债权实现得较少，抵押权在债权实现中主要起心理上的保障作用。

注：意思自治原则：是指民事主体可依自己的自由意志从事民事活动。意思自治包含自主参与、自主选择、自己责任等基本内容。

在我国，虽然《担保法》第35条第1款规定"抵押人所担保的债权不得超出其抵押物的价值。"但是《民法典》第414条规定："同一财产向两个以上债权人抵押的，拍卖、变卖抵押财产所得的价款依照下列规定清偿：（一）抵押权已登记的，按照登记的先后顺序清偿；顺序相同的，按照债权比例清偿"，民法典的该条规定似乎又默许了重复抵押。而且在我国的实务操纵中，登记机关不对抵押物的价值和担保金额做实质审查，所以说，我们作为保证人和反担保人完全可以以余额抵押的方式办理"顺位抵押"登记。

例如，在上面讲到的担保人激励反担保人直接偿还债务的案例中，反担保人事前可以与担保人约定，担保人在办理抵押反担保登记时将抵押财产价值约定高于担保金额，连带责任保证反担保人可将高于担保金额的部分再办理抵押登记。若债务人出现逾期付款行为，需要连带责任保证反担保人直接偿还债务，在其偿还债务后，担保人可以注销自己的抵押权。此种交易模式，既能激励连带责任保证反担保人直接清偿债务从而避免担保人承担保证责任，又能保障连带责任保证反担保人的追偿权。在债务人向债权人提供抵押物，担保人为债务人向债权人提供连带责任保证的情形下，此交易模式同样适用。

第五节
抵房借款案件中的法律风险提示及防范指南

抵房借款案件通常表现为出借人将款项借给借款人，为保证自己将来能收回这笔借款，又要求借款人提供一套房屋并委托出借人（或第三人）作为售房代理人，在借款人不能按期清偿借款时，由售房代理人代为出售该房屋并收取房款，以此抵偿出借人不能收回借款的损失。

由于房价上涨等原因，借款人提供的房产价值有时远远大于借款本身，实务中有部分出借人故意逃避借款人还款，恶意制造借款人无法按时还款的事实，然后以代理人身份或串通售房代理人将出借人的房产低价出售给相互串通的买受人，该买受人再通过正常市场价转卖变现，与出借人共享其中差价，借款人则因此损失了比原来借款金额价值更高的房产。

一、抵房借款案件产生的原因

随着我国经济的迅速发展，小微贷款的需求也不断加大，正规金融机构贷款的手续繁琐、审查严格，相对缺乏充足的渠道来满足日益增长小微贷款需求，社会上拥有闲散资金的个人或机构则利用这个机会为急需资金的借款人提供借款渠道，利用借款人经济困难、急于获得资金周转的弱势地位，要求借款人提供房产以保障其在将来不能收回借款时，可以通过收取卖房款进行抵偿。

二、抵房借款案件中出借人与借款人的法律风险

抵房借款案件中，出借人和借款人均存在巨大的法律风险。

1. 出借人的法律风险

出借人出售房产后，借款人通常选择请求法院确认售房代理人与买受人签订的房屋买卖合同无效，如果借款人提供证据或者提供证据线索申请法院调取相应证据，足以证明出借人、售房代理人与买受人之间存在相互串通低价买卖房产事实的，法院将依法认定该房屋买卖合同无效，此时出借人不仅可能收不回借款，

还可能因涉嫌故意侵害他人财产权而承担刑事责任。

2. 借款人的法律风险

例如，出借人与借款人双方往往并不相识，借款人因急于筹措资金通过广告、互联网等方式找到可提供借款的个人或机构，而这些个人或机构大多为提供融资服务的"地下钱庄"，借款人同意提供房产后，有的出借人还会要求借款人就委托出售房产事宜进行公证，在将来不能还款时，出借人立即以代理人身份或串通售房代理人低价出售该房产，借款人作为房产的所有权人没有参与到实际的买卖环节中，很难收集到出借人、售房代理人和买受人之间存在互相串通的证据，借款人在损失房产后的维权也因此困难重重。

三、关于抵房借款案件风险的防范建议

（1）对于出借方而言，诚信交易是规避风险的良方，在交易过程中注意平衡双方利益，如果故意设定损人利己的交易规则，到最后可能不仅得不到法律保护，反而要受到法律制裁。

（2）对于借款方而言，应保持谨慎、冷静的心态，房产属于个人及家庭的重要财产，不能因一时急需资金而随意处置，应冷静评估可能存在的风险，同时注意保存相关的证据，避免将来产生纠纷时因无证据支持而导致维权困难。

第六节
被借名买房人主张是借款买房怎么办

老周为了方便父亲和弟弟在京生活和看病购置房屋，因购买该房屋时，需要北京户口，所以老周在征得有北京户口的弟弟及其母亲的同意后，以弟弟的名义购房。老周的购房款由自己的账户直接汇款至开发商公司账户。之后，老周以弟弟名义签订了《购买房屋合同书》，约定购买的房屋，弟弟未出资。签订合同后，开发商将房屋交付给老周的弟弟。且长期由弟弟一家三口实际居住。现老周

要求要回房屋，被弟弟拒绝并称房屋由其购买，且房屋所有权登记在其名下，房屋的入住手续也由其办理，而购房款是其向原告借款所得，因此房屋应为其所有。这让老周很是头疼。

像老周的这种情况，如果向法院上诉，是肯定能要回房子的。目前的司法实践中，法院审理的要点主要从以下几点认定双方之间是否存在借名买房关系：

（1）所购房屋的性质。通常情况下，对于借名购买经济适用住房等政策性保障住房的行为不予支持；

（2）双方之间是否存在借名登记的约定，如果仅仅能证明确实存在出资关系，但不足以证明双方之间存在借名登记的约定，法院往往不予支持；

（3）房屋的实际居住情况也是法院衡量双方是否存在借名买房关系的重要因素；

（4）若房屋因被借名人的债权人查封或其他原因依法不能办理转移登记，或者涉及善意交易第三人利益的情况下，法院一般也不予支持。

基于此，借名人应该怎么做呢？

（1）在借名买房之初，与被借名人签订书面协议，明确借名买房之实以及借名买房的原因，以此否定赠与或借款关系。

（2）通过自己的银行账户支付房款，并保存好购房过程中的书面材料，特别是出资购房的凭证，以作为被借名人反悔时的证据。

（3）入住后，也要保留好相关的书面材料，以证实借名人在购房后实际占有与使用登记在被借名人名下的房屋。

（4）另外，向第三者披露借名人与被借名人之间的借名买房事实，避免第三人主张善意取得。

注：善意取得是指无权处分他人财产的财产占有人，将其占有的财产转让给第三人，受让人在取得该财务时系出于善意，即依法取得该财产的所有权，原财产所有人不得要求受让人返还财产的物权取得制度。

第七节

申请房贷老被拒？盘点房贷被拒的12大原因

随着银行信贷的收紧，贷款难度越来越大。除银行无钱可贷所以申请不到房贷之外，那还有哪些原因让你的申请一直被拒呢！现在就来好好盘点一下那些房贷被拒的原因！

1. 银行自身政策原因

银行会根据自己的个人房贷款收支状况来调整自身的审核制度，如果量足，审核便宽松一点，如果量少，便会收紧，减少贷款，从而可能就会砍掉很多的贷款申请。

2. 贷款资料不齐全或不真实

很多银行对贷款所需提交的资料要求比较的严格，比如收入证明、个人身份证明等。如果为了申请到贷款从而少交对自己不利的资料，还不愿补交，那银行就只能拒绝你的申请了。或者弄虚作假，这种情况一旦发现，就会被银行拉入黑名单，得不偿失。

3. 负债太高

并不是说不能有负债，只是负债不能太高。一般来讲，负债率最好不要超过50%，不然就很有可能被银行拒绝。毕竟负债越高，风险就越大。

4. 收入不符合月供要求

目前银行遵循的是收入必须是月供的2倍，如果收入过低，达不到这个要求，就很容易被拒绝。因为银行会认为你没有这个偿还能力。

5. 从事高危职业

如果申请人从事的是高危职业，比如从事危险化学品、烟花爆竹行业等高危行业的人，银行可能会担心申请人发生意外，无法保证按时还贷，从而拒绝这类人的贷款申请。

6. 贷款年龄不符合

银行对贷款人的年龄是有规定的，一般在18～65周岁。低于18周岁没有完全的民事行为能力，不能够直接以自己的名义进行贷款申请；而高于65周岁（一般来讲，高于50周岁，银行就很有可能拒绝了）。银行则要考虑到申请人的身体健康状况，所以不在这个年龄区间的都会被拒绝。

7. 个人征信太差

这是被银行"拒贷"最多的原因。很多人可能还没意识到，日常生活中的很多事情都已经被纳入了个人征信的范围之内，比如闯红灯、地铁逃票等，还有比如信用卡逾期高达100多次，多套房贷、车贷的贷款尚未还清等，征信未达到银行要求，银行肯定会直接拒绝的。

8. 有未结清的担保或联保贷款

为他人贷款做担保人，也是属于你的个人征信行为。如果对方的贷款未结清，或者直接欠贷不还，也属于你个人征信行为差，从而被银行拒绝。

9. 夸大自身能力

有些申请者为了让银行尽快给自己审核，可能对自己的还款能力夸大事实，这其实会让银行更加怀疑你。所以可以稍微夸大一点点，不能脱离了现实。

10. 首付款太低

银行要求申请房贷要有一定比例的首付款。按照目前的政策，一般首套房贷首付比例不低于30%，二套房贷首付比例不低于40%（不同的城市有不同的规定，有的要求不低于50%、60%的，请先查明相关政策规定）。首付太低，肯定就要被拒了。

11. 房龄过老

银行普遍规定房屋的房龄不能超过20年或25年，但不同的银行规定不同，在申请贷款的时候先查明该银行的相关规定。但总的来说，房龄越老，越容易被拒。

12. "人品"问题

有时候可能你所有的条件都满足还是被拒绝了，这就很有可能是运气不佳。这不是封建迷信，因为生活中"人品问题"时常存在，贷款申请也是一样的。这种情况比较好解决，直接多申请几次就好了，无需太过于忧心。

第八节
商业贷款如何转为公积金贷款

商业贷款和公积金贷款是两种完全不同的贷款方式，但是二者之间确确实实存在着可以转换的关系，其实质是商业银行与公积金管理中心的一种债权转让行为，债务人保持不变。那么，商业贷款如何转变为公积金贷款呢？

一、商业贷款转公积金贷款的条件

（1）贷款人符合当地住房公积金贷款申请条件，有连续6个月的公积金缴存记录，并继续保持正常的缴存记录，且贷款人无住房公积金贷款债务，也没有其他尚未还清的贷款或担保贷款行为。

（2）贷款人有稳定的收入、良好的信用和偿还贷款的能力。

（3）贷款人符合《中华人民共和国民法典》规定且被公积金管理中心认可。

（4）贷款人已办理商业性贷款，正常还款且无逾期还款记录，有完整的贷款手续、房屋不动产证、契税证、抵押登记手续可作证明。

（5）商业贷款转公积金贷款涉及的《房屋所有权证》或《房屋预告登记证明》已办出并能办理抵押登记手续。

（6）商业贷款转公积金贷款需要获得原商业贷款银行的同意，同意提前还款。这里需要注意的一点是，只能是商业贷款申请转公积金贷款，组合贷款不能申请商业贷款转公积金贷款。

二、商业贷款转公积金贷款需要提交的资料

（1）申请人个人资料原件与复印件。包括申请人或者申请人和配偶的身份证原件及复印件、户口簿原件及复印件、结婚证原件及复印件，未婚或离异的也需要提供由户口所在地的民政部门开具的婚姻证明。

（2）房屋证件原件及复印件。包括《房屋所有权证》原件及复印件、契税证原件及复印件、房产有土地证的须提供国有土地证原件及复印件，如土地证未下

发持土地局出具的土地证办理收据原件及复印件。《商品（经济）房购销合同》或《存量房买卖合同》原件、复印件。商业贷款购买的房源为二手房的还要提供原房屋评估报告原件，商业贷款购买的房源为商品房的也得提供商品房买卖合同原件或经查档后的复印件。

（3）银行贷款合同、凭证。包括原商业贷款银行开具的商业借款合同原件及复印件、原借款抵押合同、贷款凭证等相关资料。

（4）办理商业贷款转公积金贷款，还须还清原商业贷款，然后提供还清商业贷款的证明原件及复印件，切记加盖的银行业务专用章要清晰。

（5）提交住房公积金贷款申请审批表。

（6）房屋抵押备案登记表原件、复印件。

三、商业贷款转公积金贷款的流程

1. 提交资料

首先在清晰了解相关事项后，确认自己符合商转公的条件下，提交相关资料，并填写商转公申请表，接受银行审核。为了避免麻烦，一定要事先确认所需的资料都有哪些，并保证提交资料的真实性，耐心等待审核。

2. 贷款审核

当提交申请的贷款人提交的资料审核通过时，会接到银行的通知，与银行工作人员进行面谈，并审核、打印申请人的《个人信用报告》，同时还要对申请人在公积金系统中进行贷前试算，测算申请人转为公积金贷款后的还贷能力以及贷款额度、期限、利率及还款方式。这是初审，初审通过后会进行下一项，初审未通过，则不能完成公积金贷款。

3. 签订合同

对于通过征信调查及还贷测算的申请人来说，接下来就是与商业贷款的银行签订借款（抵押）合同，同时与公积金管理中心指定的担保公司签订担保合同。

第九节
支付宝流水会影响你贷款买房吗

现如今，贷款买房是普通人从银行获取低息大额贷款的重要途径，其实，也是唯一途径。

但是，如果你真正想快速获得大额低息贷款，必须要靠一些"硬货"。

对，就是银行流水，贷款绕不过的一关。

通常来说，个人在申请房贷、车贷时，银行除了要求你提供收入证明，还要提交3到6个月的银行流水，如果没有的话，被拒贷的可能性很大！

另外，还有些情况也会影响你贷款买房，而且离你很近！

一、支付宝流水，无效！

随着大众理财观念的升级，如今类似余额宝的货币基金已成为每月理财标配，很多人已经习惯一发工资，立马转存到余额宝中。

但不得不泼来一盆冷水，这种"来即转"的行为会影响贷款时的银行流水评估！

一发工资即刻转入余额宝，银行很可能会认为你每月有固定的大额开支，从而怀疑你的还款能力！

虽然目前支付宝也开始提供流水证明服务，但是认可网络第三方支付流水的银行寥寥无几，只有个别放贷指标大的银行才会承认，并且要求严格！

另外，很多人以为，银行流水就是资金的"存存取取"，聪明地认为流水能快速"自制"，实际上，这种快进快出的流水，银行根本不承认！比如这些流水：

（1）即存即取；

（2）少存多取，如果存1000元，取5000元，卡内余额太少；

（3）半年内有两个月没有流水进账；

（4）支付宝流水，微信支付流水等；

（5）信用卡流水。

基本都是无效的。

那么问题来了，想贷款买房，银行流水这关怎么过呢？

二、工作单位及收入很重要

说到工作单位和职业的状况，不少人都在抱怨这是银行在搞行业工种歧视。诚然，这一做法确实会引发许多非议，但银行出于自身风险的考虑也是情有可原，如果有一天你因为工作的变动导致无法正常还贷，对自身及银行都是非常不利的。

通常来说，与普通工薪族相比，在国企单位、500强企业上班的人，获得的贷款额度更高，因为这类员工有稳定的工作单位，贷款机构无需担心他们"跑路"。

而银行在进行房贷审批时，会着重考量贷款人所从事的行业，一般像教师、医生、金融等行业的人评分会比较高；就职于销售岗位、服务业的员工申请贷款获得的额度要低一些，因为这类借款人的收入不稳定，而且流动性也较大；但是像从事高空作业、危险化学品、烟花爆竹行业等高危行业的人往往很难得到贷款。这是因为，银行考虑到这类人群随时会有生命危险，无法保证按时还贷，为了规避风险，会选择拒绝为这类人贷款。

另一方面，随着互联网金融的快速发展，我们手机中经常使用的支付宝、微信等APP中也出现了"借呗"、"微粒贷"等现金借贷产品，由于此类产品往往有着到账时间快，可分期等优点，被很多年轻人所青睐，尤其是有的人已经能达到十几万元甚至二十万元的额度。

但是我们在用这些产品借贷消费时，也会出现与信用卡类似的状况，而且使用这类产品也会造成我们的房贷额度被占用的情况。换句话说，就是贷款人在申请贷款时，银行通过评级会给贷款人评级出一个额度，如果贷款人通过"借呗"、"微粒贷"等产品已经先期贷出部分资金，银行在审批额度时就会将这部分额度从原有的额度中减去，无形中就减少了贷款人实际的批贷。

第十节

抵押贷款以及不能办理抵押贷款的10种房子

1. 公益用途房屋

根据有关规定，学校、幼儿园、医院等以公益为目的公益设施，不论其属于事业单位、社会团体还是个人，都不得抵押。

2. 小产权房

小产权房只有使用权，没有房产证所赋予的所有权。银行自然也不接受抵押贷款。

3. 未结清贷款的房子

已经办理过一次抵押贷款的房屋还能再次抵押吗？在第一次抵押贷款时，银行已经拥有了这所房产的他项权利。而法律不允许两家银行获得同一所房屋的他项权。因此答案是否定的。

4. 房龄太久、面积过小的二手房

银行对于二手房抵押贷款的条件是苛刻的，大多限制在房龄和面积上。一般房龄在20年以上，50平方米以下的二手房，许多银行是不予放贷的。

5. 未满5年的经济适用房

未满5年的话是不允许上市交易的，银行同样无法取得他项权利证，不能办理抵押贷款。

6. 部分公房

如果无法提供购房合同或购房协议，或者不能提供央产房上市证明，也无法进行抵押贷款。

7. 文物保护建筑

列入文物保护的建筑物和有重要纪念意义的其他建筑物不得抵押。

8. 违章建筑

违章建筑物或临时建筑物不能用于抵押。

9. 权属有争议的房子

权属有争议的房子和被依法查封、扣押、监管或者以其他形式限制的房子，不得抵押。

10. 拆迁范围内的房子

已被依法公告列入拆迁范围的房地产不得抵押。

最后，除了以上几种不可以用作房产抵押贷款的房产之外，还有一种抵押是受到一定限制的房产。即以享有国家优惠政策购买获得的房子不能全额抵押，其抵押额以房地产权利人可以处分和收益的份额比例为限。

第十一节
房产抵押贷款

一、向银行做抵押

不同的银行抵押的成数是不同的。

（1）个人抵押：一般是7成，个别银行是8成，贷款利率稍低。

（2）公司抵押：一般是7成，个别银行是8成，加担保公司可以做到120%或是1～2倍，利率较高。

（3）公司抵押：又可以用开银行承兑汇票的方式，一半现金一半房产来开出100%的银票。

基本流程：

提供咨询→受理申请→贷前调查→贷款审批→贷款发放→贷款回收→贷款管理。

二、向民间机构做抵押贷款

流程及条件基本和银行是一样的，只是手续由担保公司跑。担保公司长期和银行合作，因此在贷款利率，办理速度，放款上比个人去银行办要有优势。当然，客户要承担一定的服务费。

三、二次抵押

二次抵押贷款一向是民间借贷机构的主战场，申请条件宽松虽是毋庸置疑，但一切都要回归到有可贷空间为前提，也就是当前贷款额度尚未触及房屋评估值70%的天花板，那么二次抵押贷款仍有一线希望。

由于各家机构定价策略各不相同，所以利率价格相差较为悬殊，总体而言，月利率价格区间普遍维持在0.65%～2%。

第十二节
等额本金和等额本息，哪种还款方式最省钱

目前，银行商业贷款的还款方式主要有两种：等额本息还款法和等额本金还款法。一字之差，还款方式却大不相同。我们以贷款一百万，计划20年还清为例：

当我们选择等额本息还款方式，20年一共还了：

月平均还款额×还款月数

7485×240＝179.64（万元）

当我们选择等额本金还款方式，20年一共还了：

月平均还款额×还款月数

［（9625＋4189）÷2］×240＝165.768（万元）

最终还款总额相差接近14万元。

在等额本息还款的方式下，等到第8年，每月还款额中的本金和利息才等额。也就是说，前8年你还的钱，大部分是银行利息，而本金还的较少。

等到还款期限一半的时候，利息已经在前10年还得差不多了，即便你10年后

资金宽裕，可以提前还贷了，但后面剩的基本是本金，利息很少，提前还贷已经没有太大的意义了。

这样，银行就保证了利息收益，实现了利益的最大化。

十几万元是不是人人都要省？

既然这样，我们是不是每个人都要选等额本金的还款方式啊？毕竟可以省十几万呢！

其实，并不绝对！

按"等额本金"方式还款，虽然还款总额较少，但因为在前期的还款额度较大，而后逐月递减，尤其对于一些刚参加工作不久的年轻人来说，还款压力会非常大。

所以这种方式比较适合平时现金流就比较宽裕的人群，当然一些年纪稍微大一点的人也比较适合这种方式，因为随着年龄增大或退休，收入可能会慢慢减少。

采用"等额本息"方式还款，虽然还款总额多，但每月的还款额度相同，所以比较适宜平时现金不宽裕，但有固定收入的人群。

特别对于年轻人来说，随着年龄增大或职位升迁，收入会增加，生活水平自然会上升，这样的还款方式不会对生活品质造成太大的影响。

第三章

购房中的
房贷问题

提前还房贷可能被
罚，"出手前"应
知这些法律常识？

房贷失败后该如
何解除合同？

购房人未及时
提交申请按揭
贷款资料是否
构成违约？

第一节
房贷失败后该如何解除合同

买卖双方签订了房屋买卖合同，买方办理银行贷款时，因为个人信用纪录不良，银行拒绝向其放贷。买卖双方协商后，买方决定向另一家银行申请购房贷款。双方为此于10月重新签订了合同，并将最后过户期限向后推迟三个月，定为次年3月9日。双方在"补充协议"中约定：办出贷款后的十日内办理产权过户手续。之后，买受方请中介公司代为向新的银行申请贷款，但最终新银行也以信用问题为由拒绝了贷款申请。此时已经过了过户期限，出售方两次发函催告后，通知买方解除了合同，随后委托律师提起诉讼要求买方支付。

这一案例非常典型，有三大问题值得思考：一、银行贷款失败导致交易不成时法律责任的区分；二、约定最后过户期限时要注意的问题；三、书面解除合同的正确方法。

问题一：银行贷款不成后如何界定法律责任

一般当银行贷款失败时，当事人应当及时采取其他方式筹措资金履行付款义务。但是有时银行贷款会受到金融政策调整的影响，突然变更放贷成数或收紧放贷口径，当事人难以完全预见这种风险。对类似这样的情况，《最高人民法院关于适用〈中华人民共和国合同法〉若干问题的解释（二）》第二十六条规定，"合同成立以后客观情况发生了当事人在订立合同时无法预见的、非不可抗力造成的不属于商业风险的重大变化，继续履行合同对于一方当事人明显不公平或者不能实现合同目的，当事人请求人民法院变更或者解除合同的，人民法院应当根据公平原则，并结合案件的实际情况确定是否变更或者解除。"

由此可见，如果是买受人的信用低等个人原因导致的贷款不足或不成，买受人是无权主张解除合同的，换言之，其仍然应当承担付款义务或承担违约责任。

至于买受人主张中介公司对没有办出贷款负有责任的说法，笔者提醒大家：银行贷款只是买受方付款的一种方式，付款义务始终是买受方的而不是中介公司的责任。完全依赖中介公司办理贷款而以为自己可以不负责任的想法是错误的。买受方应当及时关心自己银行贷款办理的成功与否。

问题二：约定最后过户期限时要注意的问题

买受方在庭审中提出：补充协议中约定的最后过户期限是办出贷款后的十天内，而补充协议的效力应高于买卖合同，所以在买受人未办出贷款的情况下，过户具体日期并未确定，还不能算违约。其实，虽然补充协议的效力高于买卖合同，但是补充协议和买卖合同对于过户日期的约定实际上并不矛盾。因为根据实践中的交易习惯，补充协议约定的办出贷款后的十天是指在3月9日之前一段时间内，3月9日是过户的最后期限。

为了避免纠纷，在补充条款或补充协议中约定过户期限时，应当注意与买卖合同中的过户条款（格式文本第六条）相衔接，明确指出在贷款不成的情况下，以该条约定的时间为最后期限。

问题三：书面解除合同的正确方法

房屋买卖中，经常遇到需要向对方发送书面通知来解除合同或催告履行义务的问题。本案中出售方就发送了两个重要书面文件：催告函和解除函。正确发送书面文件是保护自身权益的重要方面。以下几个要点应予注意：

（1）要及时。比如，合同约定当一方发出解除合同通知后五天内另一方有权提出异议，则及时提出书面异议就可以使对方直接解除合同的目的落空。

（2）要符合合同的约定。比如合同约定在行使合同解除权之前应当给对方合理期限履行义务，那么在发送解除通知之前就需要先发送催告履行的文件。

（3）要明确、合法。解除合同的书面通知的内容要明确表示出解除合同的意思，比如措辞不能以"终止"或"到期"等来代替解除的意思。

（4）要注意留下联系方式。如果要求对方配合自己处理相关事宜，则应当写有联系方式，否则可能给对方留下可乘之机。

（5）要注意保存证据。发出的书面通知等应当备有复印件副本，发送宜用挂号信或邮政快递等方式并索取、保存寄送凭证，以备诉讼所需。

第二节
房贷办不下来怎么办？违约责任算谁的

买房子合同签了、首付交了贷款却没办下来怎么办？算谁违约？

小李最近买房子就遇到了问题。自己收入、征信都没问题，可最后贷款没能在规定时间办下来，究其原因，是因为开发商在递交材料的时候少交了一份。小李对此很不满，本来想解除合同让开发商承担违约责任，后来顾忌到时间成本问题，就考虑赶紧补齐材料把房贷办下来，让开发商赔偿点违约金，起初开发商有点推脱责任，后来小李拿着合同跟开发商谈判，合同上写明了若因开发商的原因造成贷款没办下来，由开发商承担违约责任，让对方不得不服软。一般而言，房贷办不下来除了开发商原因造成的违约外，还有卖家、购房人自己以及非买卖双方原因。

1. 卖房人原因

购买二手房潜在的问题也不在少数。比如房屋产权情况、房龄、满五唯一情况，除了要核实上面这些信息，在签订购房合同时最好明确违约责任和违约金比例，出现问题的话也能有理有据让对方无力辩解。

2. 购房人个人征信或提交材料有问题

还有一种情况是购房人自己的问题，比如提交材料有误、提供虚假资料，以及个人征信不过关。最常见的要数征信问题，如果个人信用记录不良是非恶意造成的，可以跟银行协商或者尝试去其他银行，要求宽松的银行可能会批准贷款。但是如果逾期严重，比如信用卡连续3次、累计6次逾期，且金额较大，就基本申贷无望了。

3. 材料、征信都没问题，就是银行批贷慢

购房人材料、征信都没问题，材料交上去后就是迟迟不放款，特别是在信贷政策收紧的情况下，批贷周期变长也很正常，买卖双方只能耐心等待银行放款。如果银行没能在规定期限内按时放款，购房人可以按照合同约定主张银行承担违约责任。另外，如果遇到政府或银行贷款政策发生变化，银行停止了房贷业务，买卖双方可以协商解决，协商不成就只能通过法院解决了。

在实际案例中，法院在判决时也会首先以合同约定为准，所以大家在签订合同时就将违约责任等条款落实到合同中，一旦出现问题也好有足够的证据维权，将损失减到最少。

无论是谁的原因造成房贷办不下来，最后受伤最深的还是广大准房奴们。好不容易看上一套房子，贷款却办不下来，要知道时间就是金钱，万一耽误几个月，房价涨了不说，再赶上新政策，弄不好连购房资格都没了。所以大家在买房时要多长几个心眼，仔细核查房屋、房主信息，按要求提供材料，尽量别出差错。

第三节
提前还房贷可能被罚，"出手前"必知这些法律常识

房贷逾期会被罚款不新鲜，但就在最近，有借款人却因为提前还房贷，被某银行要求交纳最低2万元的违约金。这到底是怎么回事？

提前还房贷为什么还会被罚款？

提前还贷是指借款人将自己的贷款部分向银行提出提前还款的申请，并保证以前月份没有逾期且归还当月贷款；按照银行规定日期，将贷款部分全部一次还清或部分还清。

目前商业银行针对提前还贷有几种处理方式：

一是无论何时还款，均不收违约金。

二是在一定时期（3个月、半年、一年）内不允许提前还款，此后不收违约金。

三是有些银行规定，提前还款将收取违约金。有的以本金的百分比算，有的加收若干个月份的利息。

各家银行对于提前还贷的规定彼此各不相同，建议借款人在决定提前还贷

时，务必弄清贷款银行的操作流程，提前预约，最好是联系当时办理贷款的业务员或者客户经理，按照他们所属支行的具体规定来操作。

问： 哪些情况不适合提前还贷？

提前还贷并不是人人都适合。比如，公积金贷款在几次降息之后，5年以上贷款利率已经降至3.25%，与其提前还款，还不如把这笔钱拿去做理财。如今低风险货币基金的收益率都已经回升至4%以上了。对已经签约7折左右利率商业贷款的借款人也可以按上述情况处理。

同时，等额本息还款已经超过5年的借款人也不适合提前还贷。因为按银行等额本息的还款方式，贷款年限过半，就意味着超过一半甚至近80%的贷款利息已经在前期的还款过程中偿还，剩下月供中绝大多数都是本金，提前还贷的意义不大。

此外，如果自己手头还有其他更好的投资理财项目，收益率超过房贷利率的，以及对流动资金需求比较高的借款人，也没有必要选择提前还贷。但若不会理财，且对负债极其敏感的借款人，提前还贷也是一个好选择。

问： 提前还贷还有什么特殊事项需要注意的吗？

对于提前偿还全部贷款的借款人，如果已经投保了房贷险，还要记得携带还贷证明、保险单到保险公司申请退保或变更受益人。同时，在提前还贷之后，还要记得去产权部门办理抵押注销，以免为以后的房屋交易带来一定的麻烦。

问： 违约金该怎么计算？

首先，我们要知道银行是怎样定义提前还款的？

为了限制提前还款，有些贷款机构提出了一个概念叫实质性的提前还款。各贷款机构对实质性的行为有不同标准，但一般是12个月内，借款人提前还款金额超过了本金余额的20%。

问： 违约金要如何收取呢？

目前商业银行针对提前还款的违约金一般是分两种形式收取，一是按照提前还款时的未结余额的百分比计算（一般是2%到5%），二是若干个月份的利息。

据了解，目前大部分银行已经不收取违约金了，而部分收取违约金的，也都针对在贷款一年内申请提前还贷的，并且也大多以提前还款额或者利息计算违约金，极少依据本金计算违约金收取的额度。

第四节
购房发票具体在哪些方面会用到

在付完首付款之后，开发商都会给购房者开一个首付款收据，等购房者从银行办理完购房贷款之后，开发商就应该给购房者开一个全款发票。（一般在交房的时候开票）具体在哪些方面会用到购房的全款发票呢？

1. 提取公积金

提取住房公积金的时候需要购房全款发票、购房合同、身份证原件，以及其他需要填写的材料，如果是异地提取公积金的话还需要提交社保个人权益记录一份。

说到这里有些人或许会问为什么需要全款发票。由于住房公积金是专款专用的资金，公积金只能用于购买住宅性质的商品房时才可以使用（现在租房也可以提取），全额购房发票开出来后才可以证明该套房产已经全款到位，且房子是属于购房者本人所有的。所以没有全款发票，想提取公积金那是不可能的。

2. 办理房产证

除了提取公积金需要购房发票外，办理房产证也需要提供购房发票。我们先总的来看看办理房产证都需要哪些材料：房屋登记申请表、购房合同、购房全款发票、房屋平面图、申请人身份证、房产契税完税凭证，以及登记机关认为需要的其他有关证明材料。与提取住房公积金对购房发票的要求程度相比，办房产证的要求要低一些。如果没有发票也可以办理房产证，但是要走许多繁琐的程序。

如果购房发票丢了，想办理房产证，购房者可以拿着身份证、购房合同等材料去找开发商，由开发商出具发票的存根并加盖印章，再由税务机关审查核实即可。

3. 办理落户

买房之后许多人想进行户口迁移，但是在办理落户的时候也是需要购房者提供购房合同和购房发票的。

购房发票的重要性不言而喻，但是有些开发商为了逃税避税就不给购房者开发票。如果遇到开发商迟迟不开购房发票的购房者可以理直气壮地向他们索要，因为有法律支持你。

依据《中华人民共和国发票管理办法》规定，所有单位和从事生产、经营活动的个人在购买商品、接受服务以及从事其他经营活动支付款项，应当向收款方取得发票。

第五节
购房发票、购房合同和房产证丢了怎么补办

买房都要经历一个漫长的等待和办理各项手续的过程，时间一长、过程一复杂，难免会出现房产证、购房发票、购房合同等材料遗失的情况。待翻箱倒柜确信找不回来之后，该怎么补办才是正事。

一、购房发票丢失

购房发票也分不同种类：购房1年内提取住房公积金，需要提供购房发票。如果购房发票丢失，需要提供经过税务机关盖章的发票复印件，否则不能提取公

积金。办理房产证需要提供购房发票（全款发票）。

如果丢失的是首付款发票，在房屋交付后会拿到总房款的购房发票，不会影响房产证的办理。

如果丢失的就是全款发票，可向开具发票方申请出具曾于×年×月×日开具××发票，说明取得发票单位名称、购货或服务的单位数量、单价、规格、大小写金额、发票字轨、发票编码、发票号码等书面证明，或要求开具发票方提供所丢失发票的存根联或记账联复印件，经主管税务机关审核后作为合法凭证入账。但不得要求开票方重复开具发票。

购房发票丢失不能补开，不过有补救办法。假如购房发票是开发商开具，可以到开发商处，把电子票记录调出来重新打印，或者把发票存根联复印，写上"此件与原件相符"的字样，打印件或复印件加盖该公司的发票专用章，即可作为抵扣凭证。

二、购房合同丢失

没有做预售登记前，购房者若丢失合同，只需将剩余的合同作废，和开发商重新签订一份合同。购房者需要支付的费用是一份合同的工本费。

在购房合同做完预售登记，但没开始办理银行按揭前。购房者丢失合同，所采取的措施是在报纸上刊登声明合同作废，到3个月期满后拿着报纸到做预售登记的机关申请注销所签订的那份合同，然后和开发商重新签订一份合同，再去做预售登记。

在购房合同做完预售登记，已经办理银行按揭后。若此时购房者丢失合同，除需要办理第二种情况所办理的手续外，购房者还要和办理贷款的银行签订一份变更协议，并将新的合同放在银行质押，因为原先的购房合同已经注销换成新的合同，也就是说购房者和银行所签的借款合同里的合同号已经发生变化了，尽管购房合同里面的内容没有变化，但依据合同法规定，该借款合同已经发生变更，所以需要和银行签变更协议。这期间购房者需要支付的费用和第二种情况基本相同。

三、房产证丢失

办理遗失补证需要的材料：

①房屋权属登记申请书（非转移类）；

②房屋分层分户平面图；

③申请补办报告；

④申请人身份证件复印件（查验原件）；

⑤遗失启事（整张报纸）；

⑥档案馆出具的挂失证明；

⑦委托书（申请人不能亲自办理时出具，须提供申请人及受托人身份证件复印件，查验原件）；

⑧房屋已抵押的，须提供抵押权人同意证明。

老人去世，其房产证找不到，房屋继承人可以提供死亡证明及前述其他资料办理补证手续。

产权人为未成年人，其监护人可以代为申请，提供户口簿或出生证明等证明监护人身份的证明及前述其他资料可以办理补证手续。

房产证找不到了，经常还有一些情况：办理过房屋抵押登记，但是忘记领取房产证。房产证已经留存于按揭的银行，等还清贷款后，银行再交还。

第六节
购房人未及时提交申请按揭贷款资料是否构成违约

老张与某开发商于2015年6月16日签订《商品房买卖合同》，该合同第六条约定：老张于2015年6月16日前付清首付款60万元，余款140万元办理银行按揭手续，如因买受人原因未能通过银行资格审查，买受人应于10日内与出卖人协商解决，逾期按合同第七条约定承担违约责任。老张在商品房买卖合同签订后未交齐办理按揭贷款手续所需资料。

2015年7月8日，某开发商向该老张寄送一份函件，要求老张在2015年7月11日前将按揭所需资料交给某开发商。此后，老张并未按某开发商函件的要求履行。经某开发商于2015年12月24日再次发函催告后，老张仍未履行前述义务。

后某开发商将老张诉至法院，请求解除《商品房买卖合同》并要求老张支付违约金，最终法院判决解除合同，但支付违约金的请求未予支持。

裁判理由

1. 老张未及时提交申请按揭贷款资料已构成违约

老张从商品房买卖合同签订后至某开发商起诉时止近一年的时间内均未向贷款银行交齐办理按揭贷款所需的资料，也未与某开发商协商解决或通过其他方式支付某开发商购房余款，致使某开发商获得房屋剩余价款的合同目的不能实现，已构成根本违约，应按照合同第七条"买受人逾期超过90日后，出卖人有权解除合同"的约定处理。

2. 开发商未放弃行使合同解除权

在诉讼过程中，开发商并未放弃该诉讼请求，且某开发商于2015年12月28日、29日发给老张通知书的前提条件是要求老张于2015年12月30日前缴清所购房屋的欠款及截止到2015年12月31日欠款违约金，但老张未提供证据证明其已按时交纳，故老张辩称某开发商已放弃解除案涉合同的理由不能成立。

注：《民法典》第563条【合同法定解除】有下列情形之一的，当事人可以解除合同：

（一）因不可抗力致使不能实现合同目的；

（二）在履行期限届满前，当事人一方明确表示或者以自己的行为表明不履行主要债务；

（三）当事人一方迟延履行主要债务，经催告后在合理期限内仍未履行；

（四）当事人一方迟延履行债务或者有其他违约行为致使不能实现合同目的；

（五）法律规定的其他情形。

以持续履行的债务为内容的不定期合同，当事人可以随时解除合同，但是应当在合理期限之前通知对方。

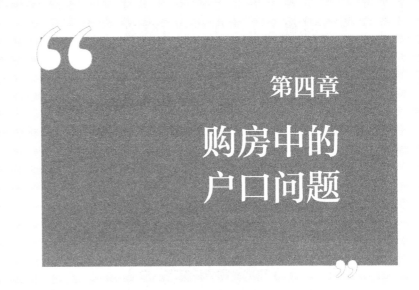

第四章

购房中的
户口问题

按揭买房可以加名字吗

购房合同更名
的风险

没有房产证
的房子如何
进行交易

第一节
购房合同更名的风险

购房合同更名指的是购房者希望变更购房合同的买受人，以便完成过户。一般常见形式主要有：增加、减少或者直接替换买受人三种情况。

问： 为什么要给购房合同更名？

（1）购房者的贷款额度不够，需要增加买受人以补足贷款额度。当然事后可以选择去掉其中一个买受人；

（2）购房者需要将房产过户给其他人；

（3）为了方便共同还贷或者共同拥有产权，增加买受人。

购房合同可以更名吗？

如果所购房子还没有备案，是可以进行更名的。同时，如果是未竣工的预售商品房是不允许再行转让的。

还有如果没有办理房产证时，也是不允许转让的，因为房屋产权申请人与登记备案的买受人不一致也会导致无法办理房屋产权登记。

购房合同更名流程：

（1）没有网签和备案的

相对简单，只需与开发商简单的重新签合同即可，因为不涉及房管部门，开发商一般都会同意。

（2）已经完成网签和备案的

因为这时通常已经完成贷款手续，所以要办理更名，必须经过开发商协商同意，同时撤销现有购房合同，并重新签订。

购房合同更名的风险：

（1）可能会因为交易的不正当性，导致合同备案时被主管部门拒绝；

（2）更名过户的目的，有时是为了避税，但是在申领产权证明环节也有可能面临被征税的风险；

（3）合同更名必须要双方同意，一方反悔，都会导致合同无效。

此外，大部分城市都允许直系亲属之间的增加或者减少购房合同姓名，但一般只有一次机会。

第二节
按揭买房可以加名字吗

在实际生活中，我们会遇到各种各样的问题。其中，按揭买房可能会面临加名减名的问题，那么我们应该怎么处理呢？

增加房产的共有人，有三种方式：析产登记、买卖或赠与。

一、关于析产登记

很多人不是很清楚，一般是指原本为一个人所有的房产，后平均分割变为两人或多人所有，就需要进行析产登记。较多适用于夫妻配偶增加房屋的共有权人的方式。

二、关于房产证减名字

类似于份额转让，流程和正常的房屋买卖类似，需要缴纳所占份额的契税。

（1）父母子女之间减名字，同样视为买卖交易，要收取契税。而且，如果房产证办理时间不满2年的，还需要缴纳全额营业税；

（2）夫妻之间加名字或去名字，不收取契税。

> **问：** 房产证加名分哪些情况？
>
> 　　如果是父母、子女等这种关系间的房产要办理变更手续，就可以考虑二手房买卖或者是赠与。近期由于公证费下调，赠与的成本支出在一定程度上减少。

　　赠与流程：需要先去公证处办理房产赠与的公证，之后携带相关材料即房屋两证、双方身份证、户口本、婚姻状况证明等直接去房管局办理即可。直系亲属间赠与是不限购的，不需要做购房资格审查。

　　赠与手续：

　　（1）赠与人与受赠人订立房屋赠与的书面合同，即赠与书。

　　（2）受赠人凭原房屋所有权证、赠与合同，按规定缴纳有关契税；办理公证。受赠人到房地产管理机构申请变更登记，应提交申请书、身份证件、原房地产产权证、赠与书及公证书和契税收据。赠与人将房屋交付受赠人。

三、兄弟姐妹加名，多数考虑买卖

　　虽然非直系亲属间房产加名也可以考虑赠与过户方式，但是由于税费比较高，同时限购未取消之前也要考虑购房资格，所以买卖方式比较合适。

　　买卖流程：比较简单，双方或三方（中介）协商清楚后签订购房合同，之后在网上进行网签备案，去房管局办理购房资格审查，通过后，打印购房合同，办理过户手续；须携带双方身份证明、婚姻状况证明、房屋两证等资料。

四、按揭中房产加名字

　　【注意】上述前提都是房子贷款已经还清，否则需要先去银行还清贷款，注销掉之后，再拿着房产证去行政服务中心办理相关业务。

　　婚前购买的房屋属于个人财产，婚后加名变为夫妻共有财产，房屋权属发生变更。由于房屋存在抵押贷款，借款人将由一人变成两人。《民法典》第406条规定，抵押人转让抵押财产的，应当及时通知抵押权人。

注：银行不同意给房贷未还清的房屋加名是出于控制风险的考虑，因为没有还清贷款的房子增加了名字，相当于改变了借款人，债权债务关系也就因此发生了改变，对银行来说这存在潜在风险。今后如果两人闹纠纷，就有可能出现不能按期还款的情况。其实加名对银行来说属于带有服务性质的业务，因为这个业务不产生利润，所以很多银行都没有动力做。加名只是在程序操作上麻烦一点，相当于重新申请一次贷款，重新走遍流程。

问： 银行担心什么？

（1）签订按揭贷款合同时，一般银行都会声明不能随意更改借款人；

（2）签合同时抵押人是一人，银行只对这一个人的征信等进行调查。如果产权人变成两个，银行就得对另一个人进行重新调查，如果此人的征信有污点，还会影响到贷款合同；

（3）房贷合同涉及贷款利率等问题，目前一套房和二套房的利率是不同的，原来银行只调查一个人的购房情况，现在加了一个人，如果这个人已经有多套房产，那么房贷利率还得重新计。

因此，在房产证上加名须经过银行批准，一般银行规定：房贷没有还完是不能加名的。

第三节
换房过程中户口问题怎么解决

一、卖旧房户口迁出（新房未到迁户时间）

与买家协议迁户时间延后，签订户口迁出承诺书或支付迁户保证金。（常用方法）可以将户口暂时挂靠到人才市场（这样做会使常住户口变为集体户口，购房、入学、医疗等方面的政策可能有所不同）。也可以选择在亲戚朋友的房产上挂靠户口。

二、买房户口迁入

提前核定原业主户口挂靠情况——迁户时，携带相关证件资料到房屋所在区的人口服务管理中心——如证件齐全当场办理（无论原业主迁户与否）。

温馨提示：核定原业主户口挂靠情况时，留意是否存在亲戚朋友挂靠户口情况及学位是否被占用。

问： 买房，原户主不肯迁出户口怎么解决？

由二手房的"户口"引起的纠纷屡见不鲜，大多集中在以下几个方面：

（1）过户后，卖方或其家庭成员不配合迁出户口，买方无法迁入户口；

（2）房屋户口被前任业主或其他人员占用，甚至主张房屋使用权，买方无法迁入户口；

（3）"学区房"卖方户口迁出不及时，导致买方不符合入学条件，错过入学时间。

一旦出现以上的情况，购房人以"户口"纠纷向法院提起诉讼，可能出现以下情况：

购房人以卖方未迁出户口或逾期迁出户口为由起诉卖方承担违约责任，包括要求卖方赔偿一定数额违约金、解除双方买卖合同等。

购房人如果向法院起诉要求卖方将户口迁出。前者属于民事法律关系调处范围，法院可依法做出处理；后者则不属于法院民事案件受理范围，因户籍属于公安机关管理，户口迁出事项涉及行政部门的审批制度，属于行政管理范畴，对此类诉讼法院不能调处。

三、如何防止二手房户口未迁出的情况出现？

（1）核查户籍状况。在签订二手房买卖合同之前，一定要了解交易房屋的户口情况。在向房地产交易登记管理部门申请过户登记前，买家要亲自或委托房产中介机构到房屋所在地的公安机关进行核实。这样既可以核实卖家是否真的已经将户口迁移出去，又可以防止其他人的户口仍未迁走的情况出现。

（2）明确户口迁出时间和违约责任。想要防止卖家不迁移户口，在合同上下功夫是很必要的，买家应该要求在合同中约定有关户口迁移的相关事宜，并约定违约责任，以此敦促卖家履行合同。买卖双方可以约定一个卖家迁移户口的时间，比如，"如果到了规定的时间卖家还没迁走户口，那么卖家就要赔偿违约金，直到迁走为止"。而且，买家可以通过约定较高数额的违约金，以此来约束卖家的行为。

（3）户口无法迁出可以解约。有的买家买下房子就是为了能够将户口迁入，这样一来，如果卖家不迁移户口就会给买家带来很大的影响，这时买家就可以选择解约。买家可以在合同的《补充协议》中约定"若出售方因特殊原因导致最终不能将户口迁出的，则买方享有单方解除权，且买方已支付的购房款卖方应予全额退还"等类似条款，以此来避免出现户口迁移纠纷问题。

第四节
没有房产证的房子如何进行交易

经常有人问："我买的期房，还没有交房，可不可以卖呢？"

从国家法律政策来讲，没有产权证的房产是不允许交易的。需要交易分几种情况：

一、刚交了首付款，还没有办按揭

这种情况就是开发商还没有到房管局备案，是最好处理的。

买卖双方可以直接到开发商那里办理合同转让，就是跟开发商商量好，跟买方重新签订一份购房合同，并将老的购房合同收回即可。然后买方再将首付款付给卖方就行了。后面的事情就跟买新房一样，房管局备案就直接写买方的名字，银行按揭也是买方自己去办理即可，房产证下来就直接是买方的名字了。

二、正在还房贷，还没有交房

方式一：直接更名

流程：

（1）卖方将银行的贷款还清；

（2）卖方拿着银行出具的结清证明后去房管局拿出正在抵押的合同；

（3）开发商带着合同和注销备案登记表去房地局办理该房屋的注销手续；

（4）注销完成后由买方和开发商签署新的商品房买卖合同，再到房管局重新备案。

注意事项：

（1）房子必须还清银行贷款。

（2）更名必须取得开发商的同意。

（3）买方不能再按揭了，必须全款购买。

这种方式的优点是手续比较简单，且整个过程没有税费。缺点是不能按揭，且中间有大量的空白期，风险比较大。

从国家法律政策来讲，没有产权证的房产是不允许交易的。因此，法律上对这种交易行为是不保护的，出了什么问题都只能自己承担。

方式二：双方约定等房产证下来再过户

这种方式就属于二手房买卖了，因此要缴纳的税费也比较多。

包括：个人所得税：总房款的1%。

契税：90m^{2}以下的为总房款的1%；90m^2～140m^{2}的为总房款的1.5%；140m^{2}以上的为总房款的3%。（均为首套房）

契税要交两次，一次是卖方本人办理房产证时缴纳，一次是买方办理新房产证时缴纳。

营业税：5.55%。

第二种方式的优点是能及时过户，风险较低；缺点是税费较高，且时间成本比较长。

三、注意事项

（1）没有房产证的房子在交易时风险比较大，买方和卖方都应谨慎！

（2）如果遇到特殊情况一定要卖（买）没拿到房产证的房子，双方应对该房产进行详细了解，明确房产证何时能拿到，并约定适当的违约金标准，同时也要有心理准备。

（3）对买方来讲，降低风险可从两方面入手，一是在取得房产证之前，尽量少交房款；二是应先取得房屋的使用权和控制权，这样法律会向购房者倾斜。

（4）房价会有波动，买卖双方应约定违约金标准，以避免房价波动较大时，一方违约。

问： 商住两用的房子买下来可以落户吗？

答： 商住楼是指这个楼的使用性质是商、住两用，往往是底层或者是几层为商场、商铺、商务办公楼，其余为住宅的综合性大楼，它的土地使用性质为综合用地。

第十二条　土地使用权出让最高年限按照下列用途确定：

（1）居住用地七十年；

（2）工业用地五十年；

（3）教育、科技、文化、卫生、体育用地五十年；

（4）商业、旅游、娱乐用地四十年；

（5）综合或者其他用地五十年。

据国家土地法规定，综合土地的使用权年限为50年。如果购买此类住房，房产证上显示的是非住宅用地，是不能落户的。因为只有住宅用地的房屋才可以落户，如果想要落户，只能购买70年产权的住宅。

"

第五章

二手房及物业
相关问题

"

"

第一节

买卖二手房有必要核验产权吗？怎么核验？

房屋核验是二手房上市交易前的必要环节，如何办理房屋核验是许多人关心的问题之一。那么怎么进行房屋核验呢？

一、二手房买卖有必要核验产权吗？

不管是个人售房还是通过中介售房，房源核验都是交易的第一步，卖方必须先向当地住建委申请核验房源的真伪，才能发布并交易。

二、产权核验的内容是什么？

（1）核验房屋证记载的房屋所有权证号/不动产权证书号、权利人是否与房屋登记簿/不动产登记簿或权属档案等不动产登记资料记载的信息、系统信息一致；

（2）核实房屋是否存在查封、异议登记、抵押等限制交易信息；

（3）反馈房屋登记簿/不动产登记簿或权属档案等不动产登记资料记载的该房屋坐落、建筑面积、规划用途等基本信息。

通过核验的房屋在完成网上签约前，可在市住建委网站发布房源信息，存量房交易服务平台将依据不动产登记信息，动态更新房屋的权利状况。

三、什么情况下无法进行房屋核验？

（1）地址需要变更，需变更后再申请房源核验；

（2）证件变更：业主身份证变更、国籍变更，均需办理完变更登记后，再申请房源核验；

（3）业主使用军（警）官证购房，需办理证件变更登记变更为军（警）身份证后，再申请房源核验；

（4）有抵押，须办理解除抵押登记手续后，再申请房源核验，否则影响后期办理解除；

注：《民法典》相关规定，抵押中的房子，不用解押可以直接过户。

（5）房产有查封、异议登记等，无法申请房源核验，须解除后，再申请房源核验。

四、房源核验的具体流程是怎样的？

（1）卖方需持身份证和房产证等资料前往当地房管局申请办理房源核验，并填写《存量房房源核验申请表》。如果卖方是委托中介机构进行房源核验的话，需要在签订合法有效的委托书之后，将资料交给中介人员，由他们在网上进行房源核验。

（2）房管局工作人员受理申请之后，会在一定时间内对房源进行审核，确认房源是否真实，房屋产权是否存在问题等。

（3）审核通过之后，系统会自动生成房源编号和验证码，工作人员会告知卖方，卖方可用编号和验证码在当地城乡住房建设的官网上查询结果。

（4）如果房源没有任何问题，卖方便可自行选择是否发布信息。若是委托中介机构进行办理的话，系统会自动发布房源信息。

第二节
二手房买卖，银行迟迟不放款，买房人构成违约吗

在现实生活中，我们会有人买二手房，但是二手房买卖，很多都是"置换"，一个交易出问题，就会导致很多的交易出问题。这其中的纠纷，有一些是由于银行没有在一定时间内放款造成的。尤其是年底，银行放款更是不可预测，有时买房人拿到新的产证和他项权证并将他项权证交到银行之后一两个月，银行才能放款。这样，卖房人就迟迟拿不到买房人通过银行贷款所支付的房款。卖房

人卖掉房子一般都会再买一套更大更贵的房子，加之卖房人所卖之房子往往还有抵押贷款未还清，所以，往往卖房人会将卖房所得的全部款项或者大部分款项作为其所买房屋的首付款。银行放款"迟延"，可能就会导致卖房人付首付迟延，从而导致违约。

卖房人因此而感到很不公平：买房人没有及时将房款（银行贷款）支付给自己导致自己违约，自己向上家承担了违约责任。难道买房人就不应该向自己赔偿损失？

那么，究竟谁该为卖房人的损失买单？

首先需强调的是，违约责任的成立不以过错为要件。《民法典》第577条因此，买房人以自己没有过错为由主张不构成违约的说辞站不住脚。（注：过错是调整违约金的一个参考因素）

其次，合同具有相对性，房屋买卖合同的当事人是买房人和卖房人，银行和卖房人之间不存在合同关系。房屋买卖合同是双务合同，买房人的主要合同义务是支付房款，卖房人的主要合同义务是过户和交房。所谓的银行直接向卖房人放款，只是买房人支付房款的一种方式，这并不改变买房人向卖房人支付房款这一基本法律关系。《民法典》第523条规定："当事人约定由第三人向债权人履行债务的，第三人不履行债务或者履行债务不符合约定，债务人应当向债权人承担违约责任。"房屋买卖合同的当事人（卖房人和买房人）约定由第三人（银行）向卖房人履行债务（支付房款），如果银行不履行此支付房款的债务或者履行此支付房款的债务不符合房屋买卖合同约定的，买房人应当向卖房人承担违约责任。

接下来就是如何认定银行"不履行债务或者履行债务不符合约定"（银行不履行此支付房款的债务或者履行此支付房款的债务不符合房屋买卖合同约定）。

一方面，如果房屋买卖合同里面约定了银行放款的时间，但是银行没有在此期限内放款，就是买房人违约，买房人就应当按照合同约定向卖房人支付逾期违约金；过了宽限期或催告期，买房人就构成根本违约，卖房人就有权解除合同并主张违约金。

另一方面，如果房屋买卖合同里没有约定银行放款的时间（贷款发放时间以银行实际放款时间为准）。《民法典》510条规定："合同生效后，当事人就质量、价款或者报酬、履行地点等内容没有约定或者约定不明确的，可以协议补充；不能达成补充协议的，按照合同有关条款或者交易习惯确定。"卖房人在一个合理期限内没有收到房款就可以催告买房人支付房款，催告期满后如果卖房人还没有收到房款，卖房人就有权解除合同并主张违约金。

第三节
高评估、高贷款、低首付二手房的交易风险

在二手房市场，低首付，0首付多数是中介通过高评高贷来实现的，常见高贷手法主要有：

（1）买卖双方签订一个协议，约定后再签订一个相对较高的买卖合同，提交银行贷款时，提交价格高的合同，然后高评等贷款成功后，多贷出的部分由业主返还给买家，买家给与一定的好处费。

（2）买家和中介联合担保公司操作，帮助买家在少付首期款的情况下，实现定金、首期款和贷款金额之和等于合同价，业主也许根本就不知道有这回事，因为抵押后尾款先经手担保公司，担保公司扣除自己的费用后，再和业主结算。

假设买200万元的房产，按20%首付需支付40万元，但通过评估公司把房价"高评"到250万元，可变成首付50万元、贷款200万元。中介可以先垫付50万元首付给卖方，待200万元银行贷款打到卖方账户后，卖方再将50万元归还中介。"高评高贷"周期约1个月，买方只需支付这50万元"过桥资金"1个月的利息，相当于零首付购得一套200万元的房产。在该流程中，中介多以自有资金进行"过桥垫付"，并从中获取服务费及过桥资金利息。

这样下来，银行可能不会给你贷高贷，放款时间慢，对你的月供压力会加重，本身的手续费成本也上去了。而且，一旦业主合同履行过程中反悔，或银行的信贷政策收紧，买家分分钟构成违约。合同履行过程中，按揭贷款出了问题就要及时通知对方一次性付款，依据大多数中介公司的合同版本，买家没有贷款不

能要求第二次申请按揭贷款的合同权利。

对于贷款承诺函出来以后，卖家用存在高评高贷的理由拒绝办理递件过户手续的，你要及时发函催告卖家办理递件过户手续。依据现在司法实践，虽然在银行贷款承诺函中有出现双方提交虚假贷款资料、虚增成交价格等因素的，贷款承诺函无效的明确约定，但是在没有贷款银行明确答复贷款承诺函无效的情况下，这还是一份合法有效的承诺，卖家拒绝办理递件过户会被认为是违约。

也有些卖家，咨询律师后用不安履行抗辩权的事由发函给买家，称担心因为高评高贷，配合过户后银行有可能不予发放贷款，导致卖房合同目的不能实现，要求买家一次性付款，此时买家就需要提供相应的财产担保，及时告知对方自己有一次性付款的能力，即便过户后银行不能提供贷款，自己也有能力一次性付款，卖家想违约自然是不会同意办理递件手续的，接下来买家就需要通过诉讼方式处理了。

在房价飞涨的时候，业主投诉高贷问题，利用高贷问题解约的理由合法，在法律层面上无可指责，高评高贷行为的确可能损害业主的债权期待权，业主可以行使不安履行抗辩权。那么这种操作其实就是涉嫌欺诈的行为，是法律不允许的行为。根据《民法典》的相关规定，存在"恶意串通，损害国家、集体或者第三人利益"情形的可以视为无效合同，这也会让原本无辜的购房者变成了违法者，其权益不但无法得到保障，还将要承担相应的法律责任。

第四节
住宅楼顶漏水的维修责任应由谁来承担

房屋漏水问题是业主生活中遇到的很普遍的问题，但是实际解决起来却很困难。那么当业主遇到漏水事项时，应当如何找到正确的维修单位呢？

想要解决楼顶漏水的问题需要对楼顶进行维修，首先找到的应当是物业公司，如果属于小修或者中修就可以解决的情况，那么物业公司就应当负责解决，

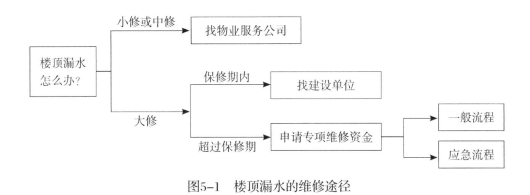

图5-1　楼顶漏水的维修途径

因为这个程度的维修一般包含在物业服务合同中，是正常交纳物业服务费时包含的维修项目（以物业服务合同的约定为准）。

当中修也无法解决漏水问题时就意味着楼顶已经到了需要大修的时候了，一般而言是需要重新做防水层的，此时的责任主体是否在保修期内而有所不同：

（1）如果防水层的使用时间还处于建设单位承诺的保修期内，那么，根据《物业管理条例》第三十一条："建设单位应当按照国家规定的保修期限和保修范围，承担物业的保修责任。"楼顶防水层作为物业共用部位，应当由建设单位即开发商承担维修责任。

（2）如果防水层的使用时间已超出建设单位承诺的保修期，那么就需要动用公共维修基金进行维修，法律依据来自《物业管理条例》第五十三条："……专项维修资金属于业主所有，专项用于物业保修期满后物业共用部位、共用设施设备的维修和更新、改造，不得挪作他用。……"专项维修资金是业主在购买房屋的时候就应交纳的一笔"房屋养老金"，申请使用的流程详见《住宅专项维修资金管理办法》第二十二（适用于小区未选出业委会前的情形）、二十三（适用于业委会成立之后）条。

但实践中，由于小区未成立业委会的情形更为普遍，在此种情况下，由于《住宅专项维修资金管理办法》第二十二条第二款"住宅专项维修资金列支范围内专有部分占建筑物总面积三分之二以上的业主且占总人数三分之二以上的业主讨论通过使用建议；"在实践方面存在很大困难，因此，常常有业主觉得动用专项维修资金十分困难。那么这种情况应如何解决呢？

相关部门为紧急动用专项维修资金规定了适用方法：《北京市物业管理办法》第三十四条规定："发生下列危及房屋使用安全的紧急情况，需要立即对共用部分进行维修、更新、改造的，按照有关规定使用专项维修资金：（1）屋面防水损坏造成渗漏的；（2）电梯故障危及人身安全的；（3）高层住宅水泵损坏导致供水中断的；（4）楼体单侧外立面五分之一以上有脱落危险的；（5）专用排水设施因坍塌、堵塞、爆裂等造成功能障碍，危及人身财产安全的；（6）消防系统出现功能障碍，消防管理部门要求对消防设施设备维修、更新、改造的。使用专项维修资金的具体办法由市房屋行政主管部门会同相关部门制定。"

也就是说，当出现屋面防水损坏造成渗漏的紧急情形时，可以适用简化的专项维修资金申请流程：《住宅专项维修资金管理办法》第二十四条"发生危及房屋安全等紧急情况，需要立即对住宅共用部位、共用设施设备进行维修和更新、改造的，按照以下规定列支住宅专项维修资金：（1）住宅专项维修资金划转业主大会管理前，按照本办法第二十二条第四项、第五项、第六项的规定办理；（2）住宅专项维修资金划转业主大会管理后，按照本办法第二十三条第四项、第五项、第六项和第七项的规定办理。发生前款情况后，未按规定实施维修和更新、改造的，直辖市、市、县人民政府建设（房地产）主管部门可以组织代修，维修费用从相关业主住宅专项维修资金分户账中列支；其中，涉及已售公有住房的，还应当从公有住房住宅专项维修资金中列支。"

综上，当出现楼顶漏水的情形，业主可以根据如上所述途径快速找到正确的维修责任人，以上供参考。

第五节
物业不尽责如何解决

> **问：** 小区的物业费缴纳是件很琐碎的事，一不留神就会被要求交这个

交那个，自己都没搞清楚这笔费用干嘛用的，就白白地把血汗钱上交了，面对物业费，什么情况下业主可以拒交呢？

（1）公共设施维修养护、公共卫生方面存在瑕疵。

（2）建筑质量存在问题，物业公司未尽维修义务。如房屋漏水，经向物业公司报修后未能解决。

（3）行使管理责任不到位。如未及时有效制止违章搭建、拆除承重墙等违法行为。

（4）未能履行安全保障义务。如财物被偷，车辆被盗、被划；在小区内受到第三人侵犯等。

（5）物业公司未公布账目，侵害业主知情权。

（6）物业公司人员滥用职权。如非法闯入业主住宅，违法对业主实施停电、停水、停气等行为。

（7）物业公司超越其职权，如擅自利用小区公共场地、设施牟取不当利益等。

问： 物业不尽责如何解决？

1. 拍照、录音、录像

对于小区内卫生、安保、环境、绿化等方面的物业服务状况，可以采用照相、摄像等方式加以记录。最好是持续拍摄的方式进行取证，有明确的时间记录和原始拍摄凭证，便于法院核实真伪。

2. 反映问题，留存各种回函、记录

对于小区内出现的违章建筑、地下室出租等问题，要先向居委会、街道、城管等相关管理部门反应，并保存好有关机关受理记录。对于物业公司的相关处理，比如公告、通知等加以记录、拍照。这样一些材料便于法院处理，也容易被法院采纳。

3. 通过集体的力量解决问题

小区业主自主建立委员会，进一步通过业主委员会的作用，与物业公司就物业服务的具体项目、标准和收费标准进行磋商。

第六节
二手房也能开购房发票吗

二手房交易也能开购房发票，不过不是卖房人开，而是统一到当地税务局开，不过需要注意的是，由于涉及税费问题，在实际交易过程中买卖双方可以就税费承担问题确定购房价格，比如个税等税费由卖家承担，那么房价可能就会略微加价，这个是可以协商的。

一、购房发票丢失了能补开吗？

购房发票也分不同种类：购房1年内提取住房公积金，需要提供购房发票。如果购房发票丢失，需要提供经过税务机关盖章的发票复印件，否则不能提取公积金。办理房产证需要提供购房发票（全款发票）。

如果丢失的是首付款发票，在房屋交付后会拿到总房款的购房发票，不会影响房产证的办理。

如果丢失的就是全款发票，可向开具发票方申请出具曾于×年×月×日开具××发票，说明取得发票单位名称、购货或服务的单位数量、单价、规格、大小写金额、发票字据、发票编码、发票号码等书面证明，或要求开具发票方提供所丢失发票的存根联或记账联复印件，经主管税务机关审核后作为合法凭证入账。但不得要求开票方重复开具发票。

在此再提醒大家一句，购房发票丢失不能补开，不过有补救办法。假如购房发票是开发商开具，可以到开发商处，把电子票记录调出来重新打印，或者把发票存根联复印，写上"此件与原件相符"的字样，打印件或复印件加盖该公司的发票专用章，即可作为抵扣凭证。

二、二手房购房发票丢了怎么办？

如果是二手房购房发票丢了，可以到房产交易中心调取档案，上面会有开具购房发票的记录，花点手续费就能得到开过发票的凭证。

第七节
买二手房，遗留的物业费要给吗

在现今这个房价高涨的时代，不少人除了选择商品房，还会把眼光放向二手房，但是买二手房，其风险也很多，就例如物业费，如果前任房主没有交完物业费就转手了房子，作为新一任的房主买了这个二手房，其遗留的物业费要给吗？

转让房屋时遗留的欠费问题，从法律上讲，应该与房产买受人无关。因为合同具有相对性，合同是两者之间的问题，不能涉及第三人。由于原业主与物业公司之间的服务合同并没有涉及后来的买房人，所以新业主没有义务支付该部分物业费。简单来说，房子的转移并不意味着债务的转移。新业主购房后与物业公司建立新的物业服务合同关系，只对入住后的物管费承担缴纳义务。由于在二手房买卖过程中，买卖双方通常会忽略诸如物管费、水电费的结算。为了避免这类纠纷的发生，业内人士建议市民在购买二手房时，除了确保房屋质量外，一定要先查清原业主是否拖欠费用。为避免纠纷，原业主如尚有欠费未结清，最好结清之后将缴费情况告知买方，以免交易后期由此给自己带来的不便。另外，为了核定责任方，双方可在收据或者在合同上写清楚。

依法拒绝缴纳

《物业服务收费管理办法》第十五条的规定："物业发生产权转移时，业主或者物业使用人应当结清物业服务费用或者物业服务资金。"因此，对于这部分费用，如果买卖双方在《房屋买卖合同》或补充协议中没有特别约定，应当由原业主承担。

物业与新业主之间形成新的物业服务合同关系，对于原业主拖欠的物业费，物业公司应向原业主追缴，新业主对此不承担任何责任。因此物业公司向新业主追缴拖欠的物业费是没有法律依据的。

买二手房，原房主拖欠物业费而产生纠纷的问题其实在签合同前就可以避免，即使住进去之后才发现原房主物业欠费，只要记住物业公司是没有法律依据向现业主追缴的就够了。

第八节
二手房产权过户有哪些流程

二手房交易流程之复杂，让不少新手外行都蒙过圈。这也是为什么购房者愿意花这么多中介费来找中介帮忙买房的很大一个原因。那么今天就归纳一下二手房过户具体有哪些流程？

当然中间也有不少需要注意的事项。

一、流程问题（图5-2）

（1）卖方房产无贷款：无需流程2/3；

（2）买方全款购房：无需流程4/5/6/8；

（3）所有流程尽量买卖双方及中介都在场。

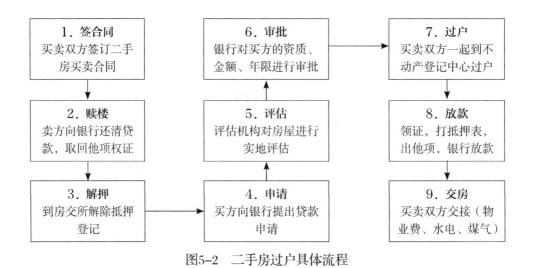

图5-2 二手房过户具体流程

二、房款问题

原则上：签订合同时付定金；过户前付首付款；交房时付尾款。且正规中介公司会对房款进行监管（银行监管），降低交易风险。

实际操作中，赎楼环节，很多卖方无力提前偿还贷款或不愿自己出资还清贷款，通常会用买方的首付款缴清剩余贷款或者通过担保公司垫资（出垫资费用），这种方式也是目前行业的普遍做法。

但这种方式存在业主恶意诈骗的风险，所以过程中要额外注意。

（1）必须提前让卖方签好首期款收据（即垫资款），一旦发生卖家秘密转走买家垫资款的不法行为，有关收据可作为法律诉讼的依据，证明卖方已收款项。

（2）买家陪同卖家进行还贷行为，买家垫资款不会被卖方转走。

三、中介交易流程

一次性过户（有产权证、国土证）流程：

（1）签合同，交定金（不超过成交价的20%）。

（2）签合同收取佣金（卖方成交价格的1%，买方成交价格的2%）。

（3）过户、交房款。

（4）领证、物业交接（水电、物业结清）。

银行按揭（有产权证、国土证）流程：

（1）签合同、收费用、收资料、送资料（2～3个工作日）。

（2）预约提前还贷（具体银行、具体了解）。

（3）审批、评估（7～10个工作日，2～3个工作日出评估报告）。

（4）面签。

（5）提前还贷（全委公证）（300～500元，房东拿客户钱还贷并打借条，不能欠条）。

（6）拿证（他项、注销抵押）。

（7）注销抵押、归档。

（8）过户（客户领证进抵押）（房东借条换收条→客户收条　客户→房东欠条）。

（9）出新证。

（10）打抵押表。

（11）进抵押（80元）。

（12）出他项。

（13）拿他项。

（14）放款（7～15个工作日）。

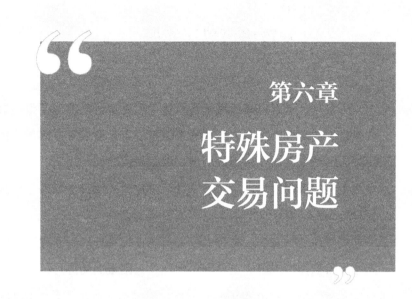

第六章

特殊房产
交易问题

第一节
安置房可以买卖吗

安置房，是政府进行城市道路建设和其他公共设施建设项目时，对被拆迁住户进行安置所建的房屋。即因城市规划、土地开发等原因进行拆迁，而安置给被拆迁人或承租人居住使用的房屋。根据我国法律的规定，安置房的转让交易需要在取得该安置房房产证后才可以进行，这时的过户交易与一般的房屋没有任何区别之处。那么对于这个安置房可以进行买卖吗？

安置房的类别：一类是因重大市政工程动迁居民而建造的配套商品房或配购的中低价商品房；另一类是因房产开发等因素而动拆迁，动拆迁公司通过其他途径安置或代为安置人购买的中低价位商品房（与市场价比较而言）。第一类安置房的房屋产权虽属于个人所有，但在取得所有权的一定期限内不能上市交易。而第二类商品房和一般的商品房相比没有什么区别，属于被安置人的私有财产，没有转让期限的限制，可以自由上市交易。

因为其安置对象是特定的动迁安置户，该类房屋的买卖除受法律、法规的规范之外，还受地方政府政策的约束，所以和一般的商品房交易有很大的不同。但如果拆迁安置房取得房产权，并且没有规定限制对外出售，或者限制转让的期限已满，这样的拆迁安置房和一般的商品住宅没什么区别，这样的安置房可以买卖。

现今市面上挂牌的拆迁安置房，往往是没有取得房产证，或者是刚刚取得房产证，按规定5年内限制转让的房子。

安置房买卖的风险很大。

例如，没有产权证的拆迁安置房，或者有产权证但5年内限制转让的拆迁安置房，从签订合同到将来办理产权转移的时间漫长，不确定因素多，可能会出现如下一些潜在安置房买卖的风险：

（1）家庭成员内部可能对拆迁安置房的分配有异议，万一协商不成，可能起诉到法院解决，最终确定的合法权益人是谁还无法确定；

（2）无产权的拆迁安置房可能因其他原因导致无法办理产权证；

（3）因交易时间漫长，房价变动可能性大，如果出售方为谋取更大利益，将房屋卖给他人，并在可以过户交易时先行过户给他人，那么购买方就很难实现购房目的了，只能主张债权了；

（4）在购买方等待过户的漫长时间内，也有可能发生因出售方自身债务纠纷，导致房屋被债权人申请法院查封。

因此在购买此类房产时，签订一份有效的具有可操作性的买卖合同就显得至关重要。买卖合同除了要具备一般买卖合同的主要条款外，还需要对房屋的增购等费用的支付方式，迟延交房等都做出明确的约定。一般来说购置该类房屋，可以根据《民法典》的相关规定，签订附加条件的合同来保证买卖合同的有效性，并对具体细节做出明确约定以防合同相对方反悔，最好由专业房产律师进行指导。

第二节
购廉价"法拍房"的法律风险

法院拍卖房屋（常简称法拍房），指的是遭法院强制执行拍卖的房屋。当债务人（业主）无力履行按揭合约或无法清偿债务时，而被债权人经由各种司法程序向法院申请强制执行，将债务人名下房屋拍卖，以拍卖所得价金满足债权。

由于多数情况下司法拍卖房屋最终成交价低于市场公允价值，有的甚至只有市场价的6折，同时司法拍卖房屋不仅位置地段好、房子新，并且大多是状况良好的住宅，所以受到不少人的关注。

可能很多人不知道，司法拍卖房屋还暗藏着很多风险隐患，如果没有深入了解，很有可能会陷入麻烦之中，最终"得不偿失"。

下面细数司法拍卖房屋中的法律风险：

第一大风险：房屋原所有权人的身份背景

大家都知道，司法拍卖房屋基本是由于债务人无法履行到期债务，而被债权人起诉，查封抵押房产，最终被法院强制执行拍卖。当前大部分是由于投资失败，资金链断裂或者沾染高利贷跑路所引起，如果房主是循规蹈矩做生意投资失败，人品可靠还好，但如果原房主是因为高利贷或者黑社会背景临时跑路，那么你通过法院拍下了他的房屋，如果碰到不讲理的流氓，日后会到你家找你闹事、算账，那你可就麻烦了。一般情况下法院是不会很明确告诉你原房主的身份背景及房屋被强制拍卖的具体原因，而且法院也不会24小时守在你家里保护你，那么如果碰到这种流氓分子，真的是鸡犬不宁了。

第二大风险：户口问题

房屋虽然被你拍下了，但是原房主的户口却无法迁出，可能面临的问题是，若是想让孩子就近上学，你的户口可能因此而无法迁入！

第三大风险：长期租赁的法律风险

根据《民法典》等法律规定，如果租赁在前、抵押在后的，拍卖成交后原租赁合同继续有效。但有些恶意逃废债务的，会把租赁合同签很长时间，甚至10年、20年。那么你如果拍卖了这种附带租赁合同的房屋，买下了之后由于承租人的存在，自身还是没法搬进去住。更有甚者，一开始说没有租赁，等你拍卖后，突然又冒出了租赁合同或者突然有人在里面居住而不肯腾退，那你就麻烦了。

第四大风险：相关税费不明的法律风险

目前，越来越多的司法拍卖，交易税费由买卖双方各自承担，但是仍然有些法院在司法拍卖时，规定税费由买受方承担，对于卖方需要承担的税费到底是多少，你得算清楚再做决定。

除了交易税费外，司法拍卖的房屋，由于被执行人无力还债，往往欠了物业费、水电费等等。

司法拍卖除了上述税费之外，还涉及给拍卖平台的佣金，这一佣金通常是按照成交金额的1%～5%不等来确定的，具体金额不小，也是需要在成交价之外支付。

所以，针对通过司法拍卖购房的最终支出费用，可以用以下这个公式来表达：最终支付费用＝拍卖成交价＋税费（一定要弄明白是各自承担，还是要承担被执行人的税费）＋拍卖佣金＋其他关于该房屋被执行人所欠费用。

第三节
房产买卖合同"网签"的法律陷阱

所谓网签，就是房屋交易双方签订合同后，到房地产相关部门进行备案，并在网上予以公布，用户可以根据网签号对合同进行查询。网签是为了让房地产交易更加透明化，防止"一房多卖"的情况发生。

网签作为行政机关行使管理的一种管理手段而存在，在物权法上并无法律效力可言。房产买受人不理性的赋予了"网签"许多人造光环，导致在实践中因误解网签的法律性质而引发诸多法律纠纷。

（1）房产买卖合同没有网签，并非确定无效。

《房产买卖协议》不违反国家法律、行政法规的强制性规定，已经成立并生效。网签是房地产主管部门因市场管理需要而规定的公示程序，是否网签不影响双方签订合同的效力。

《最高人民法院关于审理商品房买卖合同纠纷案件适用法律若干问题的解释》第六条规定：当事人以商品房预售合同未按照法律、行政法规规定办理登记备案手续为由，请求确认合同无效的，不予支持。当事人约定以办理登记备案手续为商品房预售合同生效条件的，从其约定，但当事人一方已经履行主要义务，对方接受的除外。

（2）一房二卖中即使第一买受人办理房屋网签手续在先，也不能对抗合法占有房屋的第二买受人。

《北京市高级人民法院关于审理房屋买卖合同纠纷案件若干疑难问题的会议纪要》一房数卖中的数个买受人均要求继续履行房屋买卖合同的，应当依据《全国民事审判工作会议纪要》第二部分第（二）方面、《北京市高级人民法院关于审理房屋买卖合同纠纷案件适用法律若干问题的指导意见（试行）》第13条的规定确定权利保护顺位。在房屋查封期间占有房屋的买受人，其权利不能对抗在先查封房屋的买受人；办理商品房预售合同备案或房屋网签手续买受人的权利，不能对抗合法占有房屋的买受人。

买受人要求办理房屋过户登记的案件中，法院应当告知其可以申请对房屋采取保全措施，法院在必要时可以在查封房屋处张贴封条或者公告，并提取保存有关财产权证照。

（3）网签（备案登记）不具有物权的效力，过户前案涉房屋的所有权人仍为房地产公司。

所谓网签即商品房预售登记，就是房屋交易双方在规定的时间内到相关行政部门进行房屋备案，在预售的房屋合同上编上不同的号码，并在网上予以公布，防止商品房销售中出现重复销售、重复抵押的情形，保护房地产交易的透明度。

我国法律及相关法规中规定了商品房预售登记制度，比如《中华人民共和国城市房地产管理法》第四十五条、《城市房地产开发经营管理条例》第二十七条、《城市商品房预售管理办法》第十条均规定商品房预售须向县以上相关行政部门进行登记备案，证实登记备案制度是一种行政管理行为，但是这些法律法规中并没有明确预售登记的效力问题。

一般在实践中认为，预售登记是为保全将来发生不动产物权变动而产生的一项请求权，因预售登记时物权尚不存在，故所登记的仍是一种请求权，且在《民法典》中，没有规定备案登记制度，根据物权法定原则，备案登记不具有物权的效力，案涉房屋的所有权人仍为该房地产公司。

（4）房产仅网签不能对抗法院查封。

《最高人民法院关于人民法院民事执行中查封、扣押、冻结财产的规定》第十七条规定：被执行人（也即卖方）将其所有需要办理过户登记的财产出卖给第三人（也即买方），第三人已经支付部分或者全部价款并实际占有该财产，但尚未办理产权过户登记手续的，人民法院可以查封、扣押、冻结；第三人已经支付全部价款并实际占有，但未办理过户登记手续的，如果第三人对此没有过错，人民法院不得查封、扣押、冻结。

据此规定某律师提示，如果买方已经支付部分或全部价款并实际占有房屋，即便还没有过户登记，只要买方对此没有过错，就可以向法院提出执行异议，要求解除对房屋查封措施。

但仅仅是签订房产买卖合同并网签，即使支付全部房款也不能对抗法院的查封。

（5）登记机关撤销"网签"不需要双方当事人配合或法院通知协助执行为前提。

裁判要旨：

本案原告所诉"网签"行为实质上是被告对商品房交易信息的网上备案登记行为，被告对该行为具有法定的监管职责，事实上被告也对其行使了监管职权。

由于网签登记信息的准确与否，直接影响到商品房买卖双方的权利义务，被告作为登记机关，应当在其职责范围内确保登记信息的真实、合法、有效。本案所涉长沙市开福区芙蓉中路一段198号名富公寓1729号房屋的网签登记信息已经由人民法院发生法律效力的判决确认系由第三人虚构所得，原告与第三人之间并无真实的交易关系，该网签登记行为缺乏基本证据和事实根据，依法应予以撤销。

争议的网签行为实质上是被告对商品房交易信息的网上备案行为，被告对该行为具有法定监管职责；被告作为登记机关，应当在职责范围内确保登记信息的真实、合法、有效；原告与第三人之间无真实交易关系，该网签登记行为缺乏基本证据和事实根据，依法应予以撤销。

第四节
法拍房问题

在房价飞涨的时候，业主投诉高贷问题，利用高贷问题解约的理由合法，在法律层面上无可指责，高评高贷行为的确可能损害业主的债权期待权[1]，业主可以行使不安履行抗辩权[2]。买家因为不诚信行为交点学费不亏。

注：1. 期待权：是指将来有取得与实现的可能性的权利。
　　2. 不安履行抗辩权：是指先给付义务人在有证据证明后给付义务人的经营状况严重恶化，或者转移财产、抽逃资金以逃避债务，或者谎称有履行能力的欺诈行为，以及其他丧失或者可能丧失履行债务能力的情况时，可中止自己的履行；后给付义务人接收到中止履行的通知后，在合理的期限内未恢复履行能力或者未提供适当担保的，先给付义务人可以解除合同。

无论在新房市场，还是在二手房市场，"零首付"和"低首付"都让购买力掺杂了水分，尤其在二手房的贷款中，让银行承担了极大的风险。那么这种操作其实就是涉嫌欺诈的行为，是法律不允许的行为。根据《民法典》的相关规定，存在"恶意串通，损害国家、集体或者第三人利益"情形的可以视为无效合同，这也会让原本无辜的购房者变成了违法者，其权益不但无法得到保障，还将要承担相应的法律责任。

Q："法拍房里有户口，这个怎么解决？"

A："不能解决，法院不管清户口，这个只能自己调查。市面有收费的那种帮你查，费用1000到1500。"

Q："法拍房能办理按揭贷款吗？"

A："可以。我也办过，不过程序很多要求也琐碎。"

Q："拍卖成功后7个工作日内付款，能部分付款吗？如果不能，能申请延长付款期吗？"

A："不能分期。付款时间根据拍卖公告，有的7天、10天、15天。时间到了必须款齐，不然你的保证金会被没收。比如，你最后拍卖价300万元，保证金给的是20万元。到期款不到，房子会被二次上拍，价格高于300万元，20万元退你。如果再次拍卖260万元，20万元保证金不退，并保留向你索赔的权利。"

Q："法拍房里住有租户且有租赁协议，如果是短期的，是等着协议到期搬出去吗？如果是长期的怎么办？"

A："这个真的没办法。法律不破租，有合同并且真实，那真的没戏。你拍到产权是你的，使用权是别人的，你还没有收益。短期等，长期也是等。法律最高保护20年。"

另外，租赁合同真实性值得琢磨。要有凭据，比如打款凭证。碰到这种情况就是扯皮的事。租赁合同真实的，你也毫无办法。

关键，房子你只是拍卖买到，还没有过户。他之前存在的经济关系是法律认可的。

Q："法拍房不方便按揭贷款的话，通过什么方式来解决资金的问题，如何操作呢？"

A："拍卖房可以按揭。全款付掉再做按揭，第一笔全款一定要准备好！可以先过桥再按揭，成本需要自己计算。情况不同，资金方给到每个人的利率也不一样。"

Q："一套房子现在大概有多少人参与竞买？多少价位买的人多？"

A："300万~500万元这个梯度买的人比较多吧。第一，外地限购的刚需，这个预算外环外可以。第二，本地人破限购，需要现金全拿出，这个范围也居多。"

走拍卖程序，投资公司拿下后，一般会找中介公司分销，找客户接盘。公开拍卖时，该物业一般会被投资公司内部"围标"，拍卖价成交价可能会只有市场价40%~50%左右，投资公司赚取差价，但是那和你已经没有关系。一般没有风险，只要操作得当就可以了。具体概念，参见以下解释：

法院拍卖房屋（常简称法拍屋，香港称银主盘），指的是遭法院强制执行拍卖的房屋。当债务人（业主）无力履行按揭合约或无法清偿债务时，而被债权人经由各种司法程序向法院申请强制执行，将债务人名下房屋拍卖，以拍卖所得价金满足债权。而在过程中遭到拍卖的房屋就是所谓的法拍屋或银主盘。

法拍屋不一定是从银行查封而来，私人查封也有；只是房屋的金额太大，每间房子又都有向银行借钱，银行借钱出去时，都有办理设定抵押权，拍卖时银行有优先受偿之权，这就是强制查封的"执行名义"之一，称为拍卖抵押物。银行会根据按揭条款，以及相关民事法律规定，向法庭申请没收物业后所出售的物业。

法拍屋的法律特点：买方律师无法做出业权质询，卖方不负责清理物业内的任何杂物，不得转名或转售，除非双方同意。

法拍屋在债务上的安排即在法拍屋出售时，需要按市价出售，以拍卖形式进行，以价高者得为主，而款项的偿还机制分配如下：银主拥有物业押记的债权人相关法律费用，如果所得款项多于按揭需要清还款项，余款会归还业主。

在亚洲金融风暴前，一般进行银主盘拍卖后，已经可以抵偿欠债。但在金融风暴后，往往银主盘拍卖后，仍未能抵偿欠款，令银行不愿出售银主盘，造成不少呆账。

法律界人士提醒，买家在法拍房源竞拍之前需注意以下事项：

（1）注意委托拍卖的法院是第一手直接查封房屋者，还是轮候查封者，关注是否被其他机构查封。

（2）要留意所拍卖房屋产权、产权性质是否有问题，是否存在产权不清、无产权、小产权、产权共有情况。

（3）法拍房的房主往往涉及债务问题，房屋可能被多次抵押。如果有抵押，要了解清楚是否可办理解押。如果无法解押，未来可能面临相应的债务偿还风险，因为法拍房后续所有费用均由购房者承担。值得注意的是，由于民间借贷是无法通过国家机构查询得知，购买这类房屋，入住后可能会遭其他债权人追讨。

（4）要关注是否存在实际居住权人及户口迁出问题。若存在长期租约的法拍房被买下后，虽然购买人已完成房屋过户，却因租户不搬离或原来产权人拒绝搬迁，而无法实际入住。一般情况下，执行法院不会强制腾空，只能由购房者通过另立民事案件处理。

（5）法拍房原房主也可能存在未交清的水电费、物业费等费用情况，部分房产因长期无人居住，可能面临数额较大的欠费，将由竞买人自行承担和解决。这种情况一般会在拍卖公告的标的物介绍中有所说明，比如，某房源的信息就显示，"物业、水、电、气等欠费不详，需买受人核实后自行承担"。

第五节

商品房房屋差价能否作为非违约方的损失，由违约方予以赔偿

问： 我与卖房人通过中介公司签订《房屋买卖合同》，合同约定了卖房人违约时需要支付给我30万元违约金。但是，签约后，卖房人由于房屋升值巨大，不愿履行合同。现在房屋升值远远大于合同约定的30万元违约金。我在请求解除合同的情况下，能否请求将房屋差价作为我的损失，由违约方予以赔偿？

答：《民法典》第584条规定，当事人一方不履行合同义务或者履行合同义务不符合约定，给对方造成损失的，损失赔偿额应当相当于因违约所造成的损失，包括合同履行后可以获得的利益，但不得超过违反合同一方订立合同时预见到或者应当预见到的因违反合同可能造成的损失。在有效的房屋买卖合同履行过程中，由于出卖人拒绝履行合同，导致买受人需要另行购买相类似的房屋，则其需要支付的另行购房成本就同其之前签约的购房成本之间存在明显的价值之差，此种房屋差价是由于违约方的违约行为造成的，可以作为守约方所遭受的损失。在当事人已经约定了固定违约金的情况下，能否判决违约方承担房屋差价的违约责任，则涉及《民法典》第585条规定的适用问题。对此，属于事实认定问题，应由人民法院根据案件具体情况加以处理。当然，如果人民法院能够认定约定的违约金低于造成的损失，则可以适用《民法典》第585条及相关司法解释的规定，对违约金予以调整，以房屋差价作为非违约方的损失，由违约方对你予以赔偿。

第六节
二手房买卖过程中应注意的10个问题

有些人热衷二手房，一是管理成本低，买来即可出租，快速实现收益；二是因为很多新房已经限购，没有购房资格。那么在二手房买卖过程中，应该注意些什么？

（1）有些房屋有好多个共有人，如有继承人共有的、有家庭共有的还有夫妻共有的，如果只是部分共有人擅自处分共有财产，将存在重大法律风险。

（2）二手房是按揭所贷，若资金不足，那么就需要先赎房，做法一般是委托中介或担保公司全权处理，全权委托一般带有极大的风险，因此建议签订由律师起草的居间合同并将委托权限限定为部分委托，自己尽量参与整个过程。

（3）房产证是证明房主对房屋享有所有权的唯一凭证，没有房产证的房屋交易时对买方来说有得不到房屋的极大风险。

（4）房改房、安居工程、经济适用房本身是一种福利性质的政策性住房，在转让时有一定限制，而且这些房屋在土地性质、房屋所有权范围上有一定的国家规定，买方购买时要避免买卖合同与国家法律冲突。

（5）二手房的买卖合同虽然不需像商品房买卖合同那么全面，但对于一些细节还应约定清楚，如：合同主体、权利保证、房屋价款、交易方式、违约责任、纠纷解决、签订日期等等问题均应全面考虑。

（6）有些二手房在转让时，存在物上负担，即还被别人租赁。如果买方只看房产证，只注重过户手续，而不注意是否存在租赁时，买方极有可能得到一个不能及时入住的或使用的房产。这一点在实际中被很多买方及中介公司忽视，也被许多出卖人利用从而引起较多纠纷。

（7）有些房主在转让房屋时，其物业管理费，电费以及三气（天然气、暖气、煤气）费用长期拖欠，且已欠下数目不小的费用，买方不知情购买了此房屋，所有有关费用的负担又将成为双方争议的焦点。

（8）这是交房事项中较为重要的一项，尤其对于购买学区房的人来说，如果原户主户口未及时迁出，将直接影响孩子的转校、入学等。

（9）合同无法继续履行，买方应在卖方提出解约之前启动法律程序，并申请财产保全。

（10）合同若存在不能继续履行的可能，卖方最好主动提出解约，避免责任加大。

第七节
承租人未按期腾房，出租人应如何处置遗留物品

甲作为出租人与乙作为承租人签订了《房屋租赁合同》，约定租期2年，租金一定数额，乙方按月向甲方支付租金。《房屋租赁合同》签订后，乙按期支付了保证金，并正常履约半年，其后开始发生逾期支付租金情形直至拖欠租金。甲为促使乙支付租金，开始对乙采取停水停电并封门措施，后乙出具承诺函，保证于一定期限后支付所拖欠租金，但承诺期限过后乙仍未支付租金。甲向乙发送合同解除函，并要求乙限期腾退物品。乙不仅没有退出其物品，且不见了踪影，此时甲该怎么办？

房屋租赁合同中，出租人为保障承租人顺利腾退，将租赁房屋及时返还给出租人，一般会在房屋租赁合同中有两种约定方式：

一是承租人违反相关约定后，出租人发出书面通知后几个工作日内仍未改正的，租赁合同自动解除。承租人在解除合同后几个工作日内未能完全拆除、清运其在租赁房屋内的设备设施和物品时，视为放弃所有权，出租人可以以任何方式进行处置，并收回该房屋。

二是承租人违反相关约定后，出租人发出书面通知后几个工作日内仍未改正的，租赁合同自动解除。承租人在解除合同后几个工作日内未能完全拆除、清运其在租赁房屋内的设备设施和物品时，其中承租人的装修、装饰费用出租人不予

承担。其装修形式为不可移动的材料，承租人不能擅自拆除破坏，属于可移动物品的出租人在公证机关的监督下进行清点登记后移至其他场所予以保管，费用由承租人支付，并收回该房屋。

第八节
如何以公司名义购房

随着限购政策的不断收紧，有部分购房者开始考虑"曲线救国"——以公司名义购房从而避开限购约束。虽然以公司的名义购房可以解决一时之需，但其中也藏有诸多玄机，若不了解其中潜藏的风险点，很有可能造成购房人骑虎难下的尴尬局面。我们就以北京房地产市场为范例，通过五个问答，为大家展示公司购房的程序与限制。

1. 公司购房需要什么资格？

在国内设立的公司，除个人独资企业、个体工商户、外资企业（在京设立分公司的除外）的购房受限制外，其他的单位购房不受限制。外企在大陆仅能在公司注册地购买一套非住宅商品房。

2. 公司购房需要什么材料？

营业执照副本（三证合一）、公章、法定代表人身份证、代理人身份证和授权委托书（若非法定代表人亲自办理）。

3. 公司购房需要交什么税？

公司买房缴税与个人购房缴税相比要多出很多，最大的区别就是3%的契税无法进行折扣，除此之外还要按照"每年房产原值×70%×1.2%"征收房产税，按照"建筑面积×30元/年"征收土地使用税等。如房产税、土地使用税未按时缴纳，需要按照每日万分之五缴纳滞纳金。

4. 公司购房如何办理贷款？

以公司名义购房办理贷款一般采取抵押贷款的形式，即先由购房公司交齐全款，再以所购房屋产权办理抵押进行贷款。通常情况下，公司购房办理贷款的业务由银行的公司业务部办理，首先会考察该公司是否为对公开户公司，开户时间是否满一年，是否有单位全体股东签字同意购房的声明。与此同时，公司也需要提供银行流水、资产负债表及利润表这些资信证明材料。不过各家银行对于客户资质的审核标准不一，也会根据客户的情况提出不同要求，实践中需要结合银行客户经理的要求进行办理。

5. 公司持有房屋如何交易?

公司持有房屋的交易形式目前主要有两种，一种是直接将该房屋出售；一种是通过股权变更的形式来进行交易，以该房屋在公司资产所占比例来确定股权份额，但是这种方法涉及公司的资产、债务、利润等因素，潜藏风险较多，另外股权变更的形式并不能改变不动产权属的所有人登记。

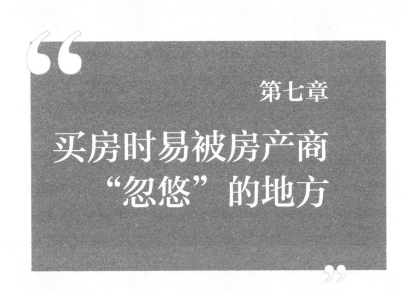

第七章

买房时易被房产商"忽悠"的地方

赠送面积真的赠送了吗

为买房虚开"社保证明"需要承担哪些法律风险

什么是二手房"阴阳合同"？遇到该怎么办

住房公积金如何提取

第一节
赠送面积真的赠送了吗

一、"赠送面积"是什么？

（1）偷来的面积

赠送设备间，开发商以管道井等理由报建，业主拿到之后可以改造成书房或储藏间；送露台，利用露台不计建筑面积将赠送部分做成大露台；送入户花园和阳台，用入户花园、空中花园和阳台按一半面积计算，做出超大花园和阳台等；送飘窗，将窗户做成内飘形式，业主装修时可将窗台打掉变成房间面积。

买一层送一层，将层高做到4.9m或5m以上，业主可以隔开做成两层复式房；送地下室或庭院，是一般花园洋房和别墅的通常做法。

（2）违反法律规定的违建面积

部分手法所赠送面积是通过擅自变更规划设计违章搭建起来的，需要后期进行二次改造，即购房者则是把半成品变成成品，费用需要自己担责了。

（3）侵犯业主共有权的侵权面积

开发商对部分特定住户购房者所赠送的面积实际为业主共有面积，如承诺给顶层业主的顶层阳台、底层业主的地下室空间，户外私享花园等，根据《物权法》规定，该部分空间本来就属于业主共有，而非开发商所有。因侵犯了全体业主的权利，即便开发商赠送，在其他业主提出异议的情况下也将可能被拆除。

二、赠送面积存在的隐患

（1）一些赠送面积是不计入建筑面积的，赠送的部分也不会写入房产证上；因此，赠送面积在拆迁补偿的时候也是不计入拆迁费补偿中的；在作为二手房出售时，对客户升值带来的价值利益不大；一旦出现问题，不受法律保护。

（2）赠送部分的面积，设计不合理将影响采光、通风及安全性。如赠送项目的一套两居室户型中，规划中把应属于露台的部分，变成了赠送的卧室，如果被封闭成居室，将把客厅的光线完全挡住。

（3）部分楼盘为了追求更多的赠送面积而舍弃更合理的户型设计，会影响到楼盘外形甚至内部结构。赠送面积难利用、自行改造费用高。

（4）赠送面积越多，小区的容积率也就越大，房地产商不仅可以在原有地块上开发更多产品，还可能因此减少税费、土地出让金等方面的支出。这不单降低了业主的人居素质，还侵害了国家利益。

（5）如若赠送部分属于违法行为，将面临拆除或罚款风险；赠送的面积在建筑质量方面存在一定的安全隐患。

（6）表面上是赠送，实际上则是购买。羊毛出在羊身上，赠送部分的价格早已分摊到房屋均价上，但面积却不能写入房产证中。

第二节
买房"送面积"法律问题分析

买房"送面积"是其中比较能吸引客户的一种促销宣传，在计算房屋价格时将"赠送面积"算在总面积内来拉低平均价格，同时减少所需缴纳的税费。所谓"赠送面积"，前提应该是所赠面积合法，且赠送人拥有合法产权，否则何谈赠送。而现实情况往往并非如此，由于开发商所"赠送"的面积是不计入容积率的，部分赠送面积甚至是涉嫌违法和侵权的面积，其赠送行为均属无效。即便其能通过"偷面积"达到"赠送面积"的目的，但因为开发商在售房时便已经将赠送面积的成本摊到了房价中，"赠送"仍旧是有名无实，还涉嫌违法虚假宣传。所谓买房送面积归结起来无非以下几类：

（1）将原本属于开发商所有的空间赠与购房者，一般该空间对于购房者具有附属性功能，如地下车库。

（2）将原本属于共有部分的空间转为特定购房者的专有空间，典型如设备间、底层花园。

（3）将通常属于共有部分的空间设计为在结构与使用上具有独立性，并通过广告宣传、购房合同与所有购房者约定将其归属于特定购房者，如屋顶花园。

（4）对原本就属于购房者，但依据建筑标准不计入建筑面积的空间进行特定设计，使购房者具备对其加以利用的可能，并在广告中加以宣传，典型如大面积的飘窗或阳台等。

（5）在房屋设计时预留以一定改造空间，购房者通过自己装修可以获得更多的使用空间，如加高层高或净高后的买一层送一层。

开发商之所以将这些空间赠送给客户，往往是因为开发商对所赠送的面积不具有合法产权，不能写入房屋产权证，这就意味着赠送面积不能用于投资、抵押，拆迁时也不会得到补偿。其次，许多开发商对于赠送面积连合同也不能写入，只凭开发商的口头承诺，不能保证购房者在购买该商品房后开发商能够完全履行约定的赠送面积，一旦引起纠纷，购房者很难找到证据来维护自身权益。另外，赠送面积如果属于公共面积，开发商的赠送行为本身就不合法，可能会影响到业主今后的使用，容易引起纠纷。为了避免纠纷，在签约之前需注意因赠送面积而引发的法律风险。

1. 如果赠送面积为开发商所有，需注意是赠与所有权还是免费提供使用权

如果开发商所赠面积对应的空间经规划批准属于专有部分，并获得了独立的产权，这种赠与当然是合法有效的，比如说专门规划设计的地下车库，并办理了独立产权，开发商作为所有权人当然有权利将其赠与购房者。

2. 对共有部分面积的赠送，可能归于无效

将共有部分空间（比如设备间等）进行赠与的行为是无效的，并有可能引发侵权与缔约过失的责任。如果该赠与行为对其他共有权人带来损失，开发商还可能会对其他共有权人负有相应的侵权责任，如果购房者自身亦存在过错的，购房者也可能成为连带责任人。但是，如果开发商所赠与的部分具备专有空间的特点，并且就该部分在宣传与购房合同中对所有购房者说明了相关情况，可以认定为全体共有权人对该部分的处分做了特别的约定。

3. 赠送面积无法获得所有权

对于一些本身就不计入建筑面积的空间，即使购房者对其进行改造使其具备了专有部分的特征也仍然无法在房屋登记簿或产权证上得到体现。而且以现有的买房送面积模式，所赠与的部分几乎都是明确规定不计入建筑面积的。所以，这些赠送面积得不到法律的认可与保护，一旦将来所购房屋遇到拆迁、出卖、继承、评估、抵押等情况时，就这部分面积的处分，购房者将无法获得收益保障。如果这部分赠送面积被写入购房合同，购房者据此起诉开发商，后者可能面临着承担违约责任的法律风险。如果没有写入合同，且开发商没有在相应广告宣传中就所赠面积所有权做出明确、具体的允诺，购房者可能将自己承担相应的损失。

第三节
住房公积金如何提取

现住房公积金，是指国家机关、国有企业、城镇集体企业、外商投资企业、城镇私营企业及其他城镇企业、事业单位、民办非企业单位、社会团体及其在职职工缴存的长期住房储金。当然，这个住房公积金也是可以提取的，那么住房公积金如何提取？

提取的类型：

1. 约定提取

公积金提取的约定提取是指因购买、建造、翻建、大修自住住房及偿还住房贷款本息等情况而办理公积金提取的职工及其配偶，向公积金管理中心提出以后提取的有关约定，公积金管理中心按照约定的时间，将提取款项划入职工本人的银行账户。

2. 部分提取

公积金提取的部分公积金提取是指公积金的缴存人按照公积金提取的部分提取的要求，办理公积金提取手续，最高提取额为：账户内留10元的全部。

3. 销户提取

（1）符合公积金提取的销户提取的条件

①离退休：离退休证或劳动部门的相关证明、提取人身份证；

②户口迁出本市：公安部门出具的户口迁出证明、提取人身份证；

③出国定居：户口注销证明；

④丧失劳动能力且解除劳动合同：劳动部门提供的职工丧失劳动能力鉴定及单位解除劳动合同证明、提取人身份证；

⑤进城务工人员与单位解除劳动关系：提供户口证明和解除劳动关系的证明；

⑥职工在职期间被判处死刑、无期徒刑或有期徒刑刑期期满时达到国家法定退休年龄：应当提供人民法院判决书；

⑦职工死亡或者被宣告死亡：应当提供职工死亡证明若其继承人、受遗赠人提取的，还须提供公证部门对该继承权或受遗赠权出具的公证书或人民法院做出的判决书、裁定书或调解书。

（2）住房公积金提取条件

职工有下列情形之一的，可申请提取住房公积金。

①购买自住住房的，提供购房合同、协议或者其他证明；

②购买自住住房的，提供建设、土地等行政主管部门的批准文件或者其他证明文件；

③翻建、大修自住住房的，提供规划行政等主管部门的批准文件或者其他证明文件；

④退休的，提供退休证明；

⑤完全丧失劳动能力并与单位终止劳动关系的，提供完全丧失劳动能力鉴定证明和终止劳动关系证明；

⑥与单位终止劳动关系后，未重新就业满五年的，提供未就业证明；

⑦出境定居的，提供出境定居证明；

⑧户口迁出本省行政区域的，提供迁移证明；

⑨偿还购房贷款本息的，提供购房贷款合同；

⑩支付房租的，提供工资收入证明和住房租赁合同；

⑪进城务工人员与单位解除劳动关系，提供户口证明和解除劳动关系的证明；

⑫住房公积金管理中心规定提取的其他情形。

（3）提取时间和流程

时间：公积金提取的时间为办理完手续后3～5个工作日转到个人账户。

流程：职工提供要件材料——市住房公积金管理中心办理提取业务——中心财务科办理支付。

第四节
错过了宅基地确权怎么办？有哪些损失？该如何补救

截止到2018年，农村土地确权登记颁证工作告一段落。

你家的宅基地确权了吗？

哪些宅基地还没有确权呢？

（1）一户多宅且不具备分户条件的宅基地。

（2）两年未居住且房屋荒废的宅基地。

（3）户口迁出后非村集体组织成员的宅基地。

（4）在耕地上建房的非法宅基地。

对于没有确权的宅基地，村集体理当收回，对于有宅基地需求的农户可以重新给予分配宅基地。

如果宅基地不确权，会带来什么影响吗？

（1）无法抵押。随着十八届三中全会的决议，宅基地将作为农民的财产，而农民占有这个财产的证明，只能是这次的土地确权证书。随着土地抵押改革的推进，缺少证书，将无法办理宅基地使用权的抵押。

（2）无法转让。在不久的将来，农村宅基地的交易范围必将逐步扩大，在转让交易的过程中，宅基地使用权证书是唯一合法占有的证明，也是交易需要提供的必备资料，没有这个资料，将无法交易。

（3）经济损失。由于无法在合法的交易场所正常交易，只能走地下市场。私自签订合同转让，但这样转让的价格，将会被大大压低。可以类比小产权房。

看到这儿，是不是觉得宅基地确权非常重要，建议农民朋友尽量不要错过机会，在规定的时间进行确权。

错过了农村土地确权有没有补救办法？

（1）分户的申请条件

①申请人的户口簿和身份证原件；

②有独立的房产证或者土地证（这点是必要的，房产证或土地证可以是自己的，也可以是配偶的，其他人的则无效）；

③若非本人申请，则需要申请人与移居人的关系证明（一般由村委会出具）；

④片警调查意见（有些地方是所长签字）。

（2）分户办理步骤

①申请人书写一份"分户申请书"，到户口所在村委会盖章（基本上都要先经过村委会的同意盖章）。

②在村委会盖章之后，到户籍管理的派出所请管片民警签意见（有时需所长签字），此时须携带本人身份证和户口本原件，以及房产证或者土地证。

③等审核通过之后，请派出所的户籍办工作人员给你一本分户之后的新户口本。

尤其注意：全国对于农村户口分户规定极为严格，基本上要求只有婚姻关系变动以及拥有独立房产或者土地者才能分户，其他人一律不准分户。

空白宅基地如何完成确权？

按国家的规定，空白宅基地当然是不可以确权的，有空宅基地的农民要在这地上盖些建筑，确保可以正常确权到你名下。

（1）首先你要了解当前你所在县的土地确权进展情况到哪一步了。

（2）其次搭建临时建筑，开展补救措施。

重要提醒，这个补救措施对农民来讲要求有些高，首先这个不是无成本的，至少你需要在宅基地上建一些东西，其次你还要有足够且可靠的信息获取渠道，准确了解你们县当前农村土地确权的具体进展情况，然后才能有针对性地开展补救措施。

第五节

为买房虚开"社保证明"需要承担哪些法律风险

日前，江苏省检察机关向社会通报，4名犯罪嫌疑人违法虚开社保缴费证明558份，在社会上大肆贩卖，严重妨碍南京限购政策执行，让不符合购房政策的多人得以违规购买房屋，非法获利400余万元。近日，检方以涉嫌破坏计算机信息系统罪批捕此4人。

据江苏省人民检察院通报：自2016年10月6日，南京实施非本市户籍人口购买商品住房需要2年内在南京累计缴纳1年及以上个人所得税或者社会保险的限购政策之后，犯罪嫌疑人丰某、徐某、问某某便合谋虚开并买卖南京社保缴费证明。

丰某教唆犯罪嫌疑人焦某，利用其曾负责维护南京社保系统的工作便利，连接南京社保系统，使用系统维护的登录口令非法进入社保验证系统，为未缴纳社保的人员添加社保缴费数据并生成社保缴费证明。之后交由丰某、徐某、问某某逐层转发出售。

截至12月7日案发，焦某利用上述手段生成558份虚假的社保缴费证明，其中515份已通过市国土局验证，丰某获利179.1万元，徐某获利141.8万元，问某某获利100余万元。

虚开"社保证明"有何风险？

风险1：

以虚开证明为基础成就的民事合同，可能因存在欺诈而被撤销或变更。《民法典》第148条规定，一方以欺诈手段，使对方在违背真实意思的情况下订立的合同，受损害方有权请求人民法院或者仲裁机构变更或者撤销。所谓欺诈，依照司法解释指："一方当事人故意告知对方虚假情况，或者故意隐瞒真实情况，诱使对方当事人做出错误意思表示的，可以认定为欺诈行为。"虚开社保证明属于明显的欺诈行为，基于其上签署的购房合同存在被撤销或变更的风险。

风险2：

虚开社保证明情节或后果严重的，当事人可能面临刑事处罚。《刑法》第二百八十六条规定，违反国家规定，对计算机信息系统中存储、处理或者传输的数据和应用程序进行删除、修改、增加的操作，后果严重的，处五年以下有期徒刑或者拘役；后果特别严重的，处五年以上有期徒刑。前举案例即属此种情形。另外，对于通过虚增社保缴费数据、破坏社保系统的方式虚开社保缴费证明，骗取银行贷款数额较大的，还可能构成贷款诈骗罪。

第六节
当心对方手里的单方解除权

单方解除权是什么？打个比方：你本应该1号给我钱，如果3号再给，我就扣你2天的逾期利息，但房子还是要卖给你，但如果你晚了5天不好意思，我不跟你玩了……房子涨价另卖不说，还要从你付的房款里扣一大笔钱。

案例

老周一家看中了某楼盘，付了30%首付款后，开始申请银行贷款，不料被银行告知"征信不良，无法贷款"，一向遵纪守法重视信用的老周觉得很奇怪，经核实，原来是工商银行记录错误，虽然工商银行认了，并愿意配合继续贷款，但老周这一路折腾下来，已经错过了最后付款时限，也就是说：开发商取得了单方解除权。去和开发商理论：老周拿着工商银行的"登记错误说明不是我的问题，银行都认错了""现在已经重新审批了，就差你们该提供的资料"。但开发商就是不理会，坚持要求老周按照合同约定日期现金补足。并按照日万分之三的标准支付违约金。如预期超过45天，原告有权单方解除合同并要求被告按照总房款的5%支付赔偿金。

最后对簿公堂，法院判决：开发商行使单方解除权没毛病！除解除合同之外，还可以扣除15万元的赔偿金，退还剩余房款。判决结果很无情却完全符合合同约定。

总结：贷款，实质就是银行借买家钱去买房，所以银行的锅，一般是买家背。

忠告：当心合同中的那些单方解除权条款，千万不能让对方的单方解除权"瓜熟蒂落"。

1. 收到单方解除的书面告知后，正确姿势是立即查看合同中的相关条款，核实对方是否拥有单方解除权；

2. 签约时，对那些没有十足把握的履约义务，一定要争取到尽可能多的时间、尽可能多的补偿措施，轻易不要给对方单方解除权。

第七节
签订拆迁补偿协议注意事项

在拆迁过程中，被拆迁人经过了多轮的艰苦斗争，终于谈出了自己满意的结果。在签订协议的最后阶段，很多拆迁户认为已经大功告成。殊不知，在这最后一个重要环节往往由于不了解拆迁方的手段而中招，导致前面所有的努力付诸东流，一招不慎，满盘皆输。那么拆迁协议的陷阱都有哪些呢？

1. 回迁

法律明确规定，拆迁户有回迁和就地安置的权利。一般来讲，因旧城改建或规划调整所导致的拆迁，被拆迁区域的地段会升值。而拆迁方会认为，地段升值是规划调整或改建所带来的溢价，不是拆迁户的贡献造成的，所以往往排斥回迁。

一般拆迁方为了尽快签协议，虽然口头承诺可以回迁，但在拆迁方拟定的拆迁协议文本中，会把"回迁"的字样去掉，那么回迁就不能实现了。如果有回迁的字样，在合同的附件中，安置房的位置、安置房的户型、安置房的红线图都是应该标注的。

另外，需要特别注意的是，回迁的前提条件是在被拆迁区域要有居住用地的规划，一般表现为规划用地许可证。如果没有，就不具备这个法律基础，就算注明了"回迁"字样，也是不能实现的。因此在签订协议的时候不仅要注意是否有"回迁"字样，并且还要注意是不是具有回迁的法律条件，如果不具备的话，就要特别地小心了。

2. 空白协议

空白协议是国家法律严令禁止的，因为它往往会使弱势一方的利益受损，实践当中，拆迁方有时会做出令人心动的口头承诺，然后让你签订空白协议，拆迁户信以为真，就签上自己的名字，但是协议被拆迁方拿走后，他们会随意填写，与口头承诺相差很大，等拆迁户拿到协议时，方才恍然大悟，叫苦不迭，即使起诉到法院，赢官司的胜算也不大，这方面血的教训比比皆是。

3. 违约责任

一个好的补偿协议，对拆迁户来讲，越具体越详细对自己越有利。补偿协议当中约定违约金会制约拆迁方不敢违约，拆迁方违约后能够使拆迁户得到较好补偿。但我们会发现，拆迁方给出的协议文本，一般比较抽象笼统，对于违约条款和损失赔偿条款均为空白。

在涉及拆迁户重要利益方面，如安置房交付时间、安置房能否办证、安置房质量是否合格，一定要约定违约责任，并具体约定损失赔偿额的计算方法，不这样做，就不能保护自己的利益。实践中，拆迁方会以不允许改动合同文本，其他人签订的协议都一样为理由而拒绝拆迁户提出的合理要求，而拆迁户往往处于盲从心理，怕麻烦，就会顺从拆迁方的意图，岂不知签协议图省事，会带来后面的大麻烦，而有些麻烦会让你遗恨终生。

4. 不留底

安置补偿协议是双方协商的结果，每一方都要持有这个协议，实践当中拆迁方会以协议要经过审批为由拿走拆迁户签字和按手印的协议，而迟迟不返还到拆迁户手里，这样做很容易让拆迁方钻了空子。

经常会有这样的事情发生，一是不返还给拆迁户协议，另外就是擅自修改协议，减少合同数额，这就会使拆迁户的利益时刻处于风险之中，即使拆迁户主张权利也没有协议作为证据提交给法院，导致维权困难。因此，拆迁户一定要坚持协议要当面签订、双方同时签字盖章、相互交换留底，如果不是这样做法，就会使自己置于风险之中。

5. 口头承诺

实践中，拆迁方有着丰富的拆迁经验，而拆迁户一生只遇到一次拆迁，拆迁方为了达到尽快签约、尽快搬离、尽快评估的目的，往往会开出极具诱惑的条件，拆迁户信以为真，就对此予以配合，等到签字后，拆迁方会以各种理由否认之前的口头承诺或者以拆迁户达不到应有条件而不给当初允诺的利益。此时拆迁户才明白上当，为时晚矣，哭天抹泪，又有何用？

6. 五证

国家为了保护拆迁户的利益，颁布法律明确规定，先安置后搬迁，如果房子就近安置不是现房，则拆迁方违法，不能签订房屋安置协议。

退一步讲，即使就近安置，按照国家基本建设流程，一个房屋建设项目必须经历立项、规划、土地、建筑工程施工许可等审批，也就是人们常说的五证审批。如果安置地段不能达到五证齐全，则拆迁户面临极大风险，更不应签协议。

7. 规划改变

安置房地段没有五证或五证不齐全，除了没有及时办理或者客观上不具备条件等因素之外，还有一个更严重的情形是，安置地段根本是幌子，等到拆迁户已签协议并搬离的情况下，无法再聚拢，那时候拆迁方极有可能将规划改变，将拆迁户安置到其他地方或迟迟不予安置，由于那时候拆迁户都已经分散居住，难以形成统一有效的力量，所以那时再进行维权难度极大甚至不可能。

8. 应该与谁签协议

按照《国有土地上征收与补偿条例》规定，应该由房屋征收部门与被征收人签订补偿协议，除此之外拆迁户与其他主体签订的协议均属违法。有些地方拆迁户会与拆迁办、拆迁实施单位或者是街道办事处等机构签订协议，都存在法律风险，拆迁户一定要瞪大眼睛看清楚。

9. 拆迁户有没有签订补偿协议的能力

任何事情都是说起来容易做起来难，即使拆迁户认识到签订协议的种种陷阱，但是在具体签订协议时，面对经验丰富的拆迁工作人员时，仍然束手无策。因为实际情况是复杂的，拆迁方的手段花样翻新，防不胜防，拆迁户很难做到随机应变，因此，最稳妥的方式就是聘请专业的法律人士，来把住最后关口，一失足成千古恨的例子举不胜举。无论是国家征收还是商业拆迁，都应当给予被拆迁人合理的拆迁补偿。拆迁谈判类似于商业谈判，却又比商业谈判更难。这其中很大一部分原因是，对方的实力强于我们，能够进行协调配合，此外资金实力不容小觑。

第八节
关于"格式合同"你都知道些什么

1. 平等主体无格式

最常见的格式合同是银行《贷款合同》、保险公司的《保险合同》。

格式合同中，你的签约对方一般都是"大人物"。正常情况下，你是看不到格式合同的另一方的，比如你看不到银行机构的法定代表人，你也不一定要去保险公司的总部看着人家在合同上盖章。

格式合同实际上是违反了合同的平等协商原则的，它之所以存在，是因为人家的业务够成熟、够稳定、够标准。你难道还想谈谈贷款利率？谈谈理赔标准？不好意思，你只能选择接不接受。

买卖双方都是普通人，普通人和普通人之间签订的合同不可能是格式合同。

中介虽然是公司主体，但还没大到拿出格式条款的级别，所以《居间合同》也必须允许平等协商。

2. 格式合同无空白

有空白地方让你写字的，就不是格式合同！

居间协议的末尾都有几条横线让你随心所欲吧！买卖合同中也有让你自由发挥的地方，所以这些都不是格式合同。

既然不是格式合同，就不要吃好饭洗好澡，带着身份证和笔去签字了吗？提前想想空白的地方能写点儿什么，这都是实实在在的权利，不要放弃。

3. 只需要你签个名

如果是正宗的格式合同，你只需要签名，别的不需要你费脑子，其他内容银行保险公司都给你想好了，而且监管部门还审核过，每个人的合同内容都一样。

敢问，买房这件事，房子不同，产权人情况也不同，会让你签一份如此霸道的合同吗？

所以不要再相信任何人告诉你的："交易中心的合同都是格式合同，不能改"，更别信某些中介说的"我们公司的居间协议都是格式合同，不能改"。

4. 法律保护弱势方

由于格式合同完全由强势的一方制定，规则的制定方在合同中占据优势地位，因此一旦双方因格式条款的理解和适用发生分歧，法律规定应采取有利于非格式条款制定方的解释。

《合同法》明确规定，对格式条款有两种以上解释的，采取不利于制定方的那一种。

第四十一条【格式合同的解释】对格式条款的理解发生争议的，应当按照通常理解予以解释。对格式条款有两种以下解释的，应当作出不利于提供格式条款一方的解释。格式条款和非格式条款不一致的，应当采用非格式条款。

格式合同的制定方（强势方）霸占了合同条款的决定权，作为对价，要承担条款理解和适用分歧时对自己不利的解释后果，这就是效率与公平的平衡。

第九节
购房发票的重要性以及弄丢了能补开吗

购房发票是购房者向开发商支付了全部或部分房款的有效凭证。购房者在办理商业贷款、公积金贷款、入住手续或者办理产权证时，都需要出具购房发票。没有购房发票，办理贷款的银行和办理产权证的有关部门是不予受理的。

买房同其他任何商品买卖一样，购房者有权利向开发商索要发票。依据购房者付款方式的不同，开发商给购房者开具的发票也不同。如果购房者采取一次性付款的方式购房，那么当购房者支付了全部的价款以后，开发商便向购房者出具《房地产开发企业销售专用发票》；如果购房者采取分期付款或者按揭付款的方式购房，由于其没有支付全部的款项，因此每当购房者支付一部分分期付款的款项时，开发商都应向购房者出具《房地产开发企业资金往来发票》，待购房者支付了全部的房款以后，开发商就要向购房者出具《房地产开发企业销售专用发票》。

需要提醒大家的是：这张发票可一定要收好了，少了它以后会有很多麻烦事。

1. 没有购房发票不能提取公积金

提取住房公积金的时候需要购房全款发票、购房合同、身份证原件，以及其他需要填写的材料，如果是异地提取公积金的话还需要提交社保个人权益记录一份。

说到这里有些人或许会问为什么需要全款发票。笔者在这里解释一下，由于住房公积金是专款专用的资金，公积金只能用于购买住宅性质的商品房时才可以使用（现在租房也可以提取），全额购房发票开出来后才可以证明该套房产已经全款到位，且房子是属于购房者本人所有的。所以没有全款发票，想提取公积金那是不可能的。

2. 没有购房发票可能办不了产权证

除了提取公积金需要购房发票外，办理产权证也需要提供购房发票。我们先总的来看看办理产权证都需要哪些材料：房屋登记申请表、购房合同、购房全款发票、房屋平面图、申请人身份证、房产契税完税凭证，以及登记机关认为需要的其他有关证明材料。与提取住房公积金对购房发票的要求程度相比，办产权证的要求要低一些。如果没有发票也可以办理产权证，但是要走许多繁琐的程序。

如果购房发票丢了，想办理产权证，购房者可以拿着身份证、购房合同等材料去找开发商，由开发商出具发票的存根并加盖印章，再由税务机关审查核实即可。

3. 没有购房发票办不了落户

买房之后许多人想进行户口迁移，但是在办理落户的时候也是需要购房者提供购房合同和购房发票的。

4. 没有购房发票卖房子计税受影响

现在买卖房屋政策是：出售自用满5年的唯一住房免交个人所得税，如果出售的房子不满五年或者不是家庭唯一住房，就要按照成交总额的1%或者差价的20%作为个税基数。

而按照差价计算的方式，主要根据房屋现有评估价格和买房时购房发票上的价格计算的，所以说没有购房发票会影响卖房交税。

购房发票如此重要，开发商不开购房发票怎么办？

开发商以无资金到税务局开购房发票为由不开具购房发票，使我们业主在房产已经大确权的情况下无法办理房产证，应如何维护自己的权益？

购房发票是很重要，但是有些开发商为了逃税避税就不给购房者开发票。如果遇到开发商迟迟不开购房发票的购房者可以理直气壮地向他们索要，因为有法律支持你。

依据《中华人民共和国发票管理办法》规定，所有单位和从事生产、经营活动的个人在购买商品、接受服务以及从事其他经营活动支付款项，应当向收款方取得发票。

面对这种情形，业主应该如何去维护自己的合法权益呢。

首先，在遇到这种情况时，可以去找开发商协商，找到公司负责这方面的高层管理人员进行沟通、协商。把自己所担心的问题告诉他们，并希望他们尽快解决购房发票的问题。

如果这一条行不通，可以打消协部门的电话或工商部门电话12315进行咨询。也可以亲自到消协部门和工商部门寻求帮助，将开发商不开购房发票的问题告诉相关部门主管，并要求他们予以配合解决。

第十节
教你完善网签合同（违约金条款）

网签合同都是固定版本吗？很多买家卖家拿到中介递过来的《买卖合同》后都会有这样的疑问，中介为了迅速签约，往往简单回答："对的，所有交易的合同都是一样的。"但事实上，这是一个极其错误的回答。很多条款的设置，直接影响着交易的"成活率"。"甲方（乙方）未按本合同及附件履行义务的，每逾期一日向对方承担万分之五的违约金，并继续履行；逾期超过＿＿日的，乙方（甲方）有权解除合同，并要求支付房屋总价款20%的违约金。"

这是一个"出了事儿"才被想起的条款，就像你手中的保险合同。这个等待你填写的数字，意味着出现紧急情况的时候，你有多少时间来寻求补救措施。除了全额现金付款的买家可以任性以外，其余买家建议保守一点，因为银行掉链子的案例真心不少！

单方解除权的本意是惩罚恶意违约者，保护守约方不会处于无限期等待的被动局面。但是，在大涨、大跌的市场环境下，如果轻易地赋予单方解除权，反倒变成恶意违约、房东跳价的帮凶。如何确定一个交易中双方的单方解除权，才能兼顾公平与正义，照顾到交易各方及居间方的利益呢？

依主观状态，选取惩罚措施。首先，"故意违约"与"迫于无奈"一定要区别对待，如果买方无理由拒绝支付房款，那么就算约定逾期5天行使单方解除权也不为过；但如果是因第三方问题导致无法严格按照合同期限履行（比如银行流程问题），客观上虽已经是违约状态，但主观上却无丝毫违约恶意，那么建议优先选用"损害赔偿"及"逾期违约金"的方式，并给予较长宽限期，限制守约方的单方解除权。其次，对于确有客观障碍导致逾期的违约情形，宽限期应足以寻求补救措施，比如：合同约定"买方贷款失败时，应于交易过户前现金补足"那么在确定宽限期时就应该考虑到买方筹集大额资金时所需要的时间。再次，也要全面考虑守约方的情况，对守约方遭受的损失及预期利益予以补偿，甚至多倍赔偿。如果客观上交易能够继续下去，主观上违约方也没有恶意，愿意继续履行，那么除非守约方的损失可能无法获得赔偿，否则就不该任由守约方单方面解除合同。对于守约方已经或将要遭受的损失，可以用"逾期违约金"或损害赔偿的方式由"善意的"违约方承担。以补充协议的形式约定守约方取得行使单方解除权的前提条件，也不失为一种较好的选择。

总之，买卖关系一旦成立，交易各方（包括居间方）均应极力促进交易顺利完成，而不是追求个人利益最大化，因此违约责任条款的使命应该是"使善意守约者得到救济，使恶意违约者受到惩罚"，同时附条件的宽恕那些"善意的违约者"，限制"恶意的守约方"，这样才能最大限度地维护公平与正义！

第十一节
什么是二手房"阴阳合同"？遇到该怎么办

> **问：** 我在某中介网站上挂了一套房子，不久，就有买家看中了，于是很快就跟他签订了房屋买卖合同，合同约定总房价款200万元，定金5万元，签合同当天，买家就向我支付了5万元定金。过了几天我无意间发现，中介公司在网签的时候将200万元的房价款变成了120万元，中介说这么写只是为了避税，买方会按照200万元支付房款。我总觉得这事儿不妥，就打电话给买家，称合同有问题，不想再履行，愿意双倍退还已缴纳的定金，但他不同意，说要不按照合同继续履约，就向法院起诉，要我赔偿总房价款20%的违约金，也就是40万元，现在我该怎么办？

答: 其实，这就是二手房交易中典型的"阴阳合同"纠纷。在二手房买卖中，买卖双方为了达到少缴税款的目的，就同一宗交易签订两份内容不一致的合同。对内合同，是双方真实意思的表示。对外合同，双方故意把交易价格做低，为了避税而签订的合同。在二手房买卖中，中介公司经常促成双方签订阴阳合同，但这种做法对于购房者而言，也埋下了隐患。根据《中华人民共和国税收征收管理法》规定：第六十三条：纳税人伪造、变造、隐匿、擅自销毁账簿、记账凭证，或者在账簿上多列支出或者不列、少列收入，或者经税务机关通知申报而拒不申报或者进行虚假的纳税申报，不缴或者少缴应纳税款的，是偷税。对纳税人偷税的，由税务机关追缴其不缴或者少缴的税款、滞纳金，并处不缴或少缴的税款百分之五十以上五倍以下的罚款；构成犯罪的，依法追究刑事责任。

签订"阴阳合同"后卖方可以少缴甚至不缴多种税款，但如果被税务机关查出，不仅会被追缴税款，还可能被处以高额的罚款。

而就这位卖家和买家签订的房屋买卖合同而言，这一行为并不违法。但是在合同中约定的房屋价格上，以避税为目的做低了价款，则因为违法而当属无效，所以他与买家签订的房屋买卖合同依然合法有效，只是关于价格的约定无效。

由于合同约定是由买方来承担相关税费，所以他有权要求买家按照房屋的真实价格进行缴税。如果买家不同意，最后合同履行期限到了，还没有完成房屋过户手续，那么他就可以据此解除合同，并要求买家承担因其拒不缴税导致合同目的无法实现的违约责任。

房屋交易不成功，中介是否能索要服务费

第八章

买卖房屋容易忽视的问题

第一节
房屋交易不成功，中介是否能索要服务费

2015年9月，张先生看到某中介公司在网上发布的房屋出售信息后与中介公司取得联系。此后，张先生经中介公司提供居间服务与出卖人李女士签订了《房屋买卖合同》，并向中介公司支付了购房定金3万元。几天之后中介公司告知张先生因李女士的配偶不同意出售房屋，因此买卖合同无法再履行了，只能解除买卖合同。随后中介公司将收取的定金3万元退还了张先生。之后，中介公司要求张先生支付居间服务费及滞纳金共计2.5万余元。张先生需要支付吗？

当然不需要，本案涉及的主要法律问题是判断房产交易居间服务完成的一般标准以及提供房产居间服务的中介公司应尽的职责范围问题。

第一，关于居间服务的完成标准问题。根据《民法典》第963条、第964条规定，"中介人促成合同成立的，委托人应当按照约定制度报酬""中介人未促成合同成立的，不得请求支付报酬"。可见，促成买卖双方签订有效成立的合同，是判断居间服务完成的一般标准。此种情形下，委托人一般应当支付居间服务费。

三方签订的《居间服务合同》中也确实约定了居间服务完成的标准，即：买卖双方签订《买卖合同》时，居间行为完成，买方应向居间方支付本合同约定的居间服务费。虽然李女士未经其配偶同意，擅自出售房屋属于无权处分，但根据《最高人民法院关于审理买卖合同纠纷案件适用法律问题的解释》第三条第一款之规定，李女士与张先生签订的《房屋买卖合同》确实是有效的，只是能否顺利履行需要根据全部权利人的意见确定，貌似中介公司的居间服务已经完成。

第二，房产交易中，居间方应尽的职责范围问题。在房屋买卖交易中，作为专业的房产中介机构，提供真实、有效的房产交易信息是其最基本的义务。中介公司在明知李女士有配偶的情况下，仅凭李女士出示的产权证以及李女士自己书写的无共有权人声明，没有审查出售的房屋是否属于夫妻共同财产以及其配偶是否同意出售等与订约、履约等有关的重要事项，即认为李女士有权出售房屋，督促双方签订了存在重大履行障碍的《房屋买卖合同》。

事实证明，买卖合同最终不能履行正是因为李女士的配偶拒绝出售房屋所致，张先生的购房目的根本无法实现，致使买卖合同最终被解除，这与中介公司明显怠于履行调查核实的基本职责、没有提供专业水平的居间服务存在直接关系。

最后需要提醒的是，在二手房交易中，中介公司在促成双方签约之前，判断房产权属的真实情况是必须的，也是最重要的审查事项。中介公司切不可急于求成，误以为只要促成双方签订了买卖合同，即意味着完成了居间服务。实际上，对于存在先天履行障碍的"速成"合同，中介公司是无权主张居间服务费的。

第二节
中介吃差价的惯用伎俩

> **问：** 张三说要买我的房子，付了10万元定金，签了居间协议，约定半个月后网签。到网签时间，张三带来了李四，说"合同由他跟你签"，还说"一切条件都按照居间协议和之前说好的，我没违约，你不能拒绝"，是这样吗？
>
> **答：** 在不改变任何条款的情况下，可以变更买受人吗？当然不能。除非特别约定，否则支付定金的买方，应该履行网签义务，否则承担定金罚则。网签时变更买受人姓名，实质是合同权利义务的概括转移，而法律规定：概括转移需经对方当事人（也就是卖方）同意。因此，如果签订居间协议的人要求变更买受人，卖家可以拒绝，并扣留定金。

事实上，这正是少数中介公司赚取高额差价的惯用伎俩。利用自有资金支付定金，将房价锁定在较低价位；寻找接盘侠；说服买家单独支付20万元给中介，或者以"做低房价"为由，签订较低金额的合同，"差价由中介转交房东"；编造各种故事，说服卖家，变更买受人姓名。卖家如果着急拿到首付款，也不会计较产证写谁的名字。加之中介对违约责任的解释听上去"也不无道理"，很多房东也会相信。网签合同一旦落笔，就视为同意变更买受人。

那么，遇到这种情况，卖家该如何应对？如果已经开始置换，卖房拖不得，就先忍一忍，把房子卖掉！然后和下家联手起诉中介公司，不仅可以要回差价，还能要求返还中介费。但这个过程中要尤其注意交易风险。

第三节
贷款购房，征信有多重要

刘先生在北京市房山区看中了一套别墅，当即向开发商交付了10万元的认购金预定了该房屋，过了半个月，刘先生又交付了200万元的首付款并就剩余房款向银行申请了贷款。次日，银行告知刘先生，因其征信中逾期还款记录过多，征信记录差，其贷款申请未获通过。

北京市各大银行对借款申请人的征信审查标准是什么？

通过对北京市"中农工建交"五大银行贷款政策中对借款申请人征信审查标准的整理，总结出不符合银行贷款标准的个人征信情况有如下几种：

（1）分期还款拖欠贷款本金或利息连续3期（含）或累计6期（含）以上的；

（2）到期一次还款拖欠贷款本金或利息时间在90天（含）以上的；

（3）贷记卡的信用记录在近3个月内有2期超过免息期一个月透支或1期超过免息期二个月透支或准贷记卡超过免息期三个月透支的。

征信中还款记录出现逾期后的补救措施有哪些？

1. 征信机构自动删除

根据国务院颁布的《征信业管理条例》第十六条的规定，征信机构对个人不良信息的保存期限，自不良行为或者事件终止之日起为5年；超过5年的，应当予以删除。因此，对于征信报告中仍保留的超过5年的逾期记录，可以要求征信机构予以删除。

2. 开具非恶意逾期证明

对于自借款申请日起前24个月内，如果出现连续3次累计6次的贷款逾期还款记录，银行通常都会拒绝其贷款申请。对于24个月前的贷款小额逾期还款记录，如果逾期记录银行能够开具非恶意逾期证明，那么贷款被审批通过的几率就会大大提高。

3. 信用卡不要着急销卡

对于非个人原因造成的信用卡逾期还款记录，如果出现超过连续3次或累计6次的逾期记录并因此影响贷款申请的，如果信用卡发卡行能够为借款人出具非恶意逾期证明或小额贷款逾期证明（逾期金额在100元以下）的，贷款申请通过的几率也会提高。

目前，银行对于信用卡的逾期记录会保留24个月，如果信用卡出现逾期，不要着急还清欠款就销卡处理，因为销卡后征信系统就不会产生新的信用记录，销卡前的逾期记录就会一直保留。正确的做法是继续正常使用该卡，待两年正常的还款记录将此前的逾期记录覆盖后再行处理。

4. 被列入银行黑名单的

如果长期借款不还而导致的呆账等征信记录，无疑会被银行列入黑名单。被列入黑名单的，如果想买房，也就只能全款购房了。

第四节
做低价被发现的后果

陈看中了张的房子，双方签订了《房地产买卖居间协议》，约定张到手价302万元，税费及中介费陈承担。陈当时支付了定金10万元，在陈和中介的说服下，张同意协助避税，双方签订《买卖合同》时将转让价定为255万元。签约后，陈不仅支付了首付款还把"差价"47万元支付给张，转账备注为："实际售价302

万元做低到255万元的差价"。

交易中心核价时告知：核定价268万元，高于双方合同价255万元，要直接按核定价缴税。因为房价飙涨，张想反悔，解除合约。一口咬定是陈提出的做低价，导致过户不成。陈多次表示愿意按照302缴税过户，但张就是不同意。陈无奈将张告上法庭，称自己愿意以302万元缴税，要求张继续交易，同时要求张承担10万元迟延过户违约金。

张则坚持认为：原合同做低价被查出，交易中心拒绝过户，这是陈的过错。要想重新签合同，就不是原来的价格了，不仅如此，还反诉要求扣下10万元定金。

做低价这件事，是恶意串通损害国家利益，虽然只有买家受益，但论起责任，卖家也跑不了！所以呢，卖家想从检举揭发中受益，或者达到解约目的，基本上是不可能的！

首先，做低价的合同双方都签了字，不能算陈一方过错"双方对于未能顺利过户，均有过错"。其次，既然查明了真实交易价格302万元，双方都认可"双方应当按真实的交易价格302万元进行交易"。第三"10万元已经转为房款，不适用定金罚则"。最终按照302万元缴税，然后张协助陈办理过户。

第五节
卖房都有哪些风险（一）

1. 过度授权

居间协议中如果藏着这样一句话："定金20万元，由××××公司代为收取。"那你就要小心了。

【弊端和风险】定金阶段是双方合法的"犹豫期"和"排查期"，当你不想继续交易时，应该知道你已经收了多少定金，也就是你的止约"成本"有多少，而一旦授权中介代收定金，就意味着下家交给中介的钱，视为你已收到，都将适用定金罚则。

2．中介版买卖合同

如果你只是想收下定金，网签时再谈交易细节，那么就一定排查这两个坑：

（1）"心怀鬼胎"：签的不是《居间协议》，而是《房屋买卖（含居间）协议》；

（2）"小马拉大车"：居间协议有附件，就是《房屋买卖协议》，标的大的买卖合同变成了定金合同的附件，这里一定有阴谋。

【弊端和风险】定金阶段和买卖关系成立，是购房交易的两个完全不同的阶段，协议内容、存在意义、违约认定、违约责任均大有不同，虽然交易当事人可以按照自己的心理状态和需求选择，但由于很多人不知道两者的区别，所以把选择的权利统统交给第三方。如果你连自己签的协议性质都搞错了，还怎么好好地履行呢？首先，你"莫名的"放弃了选择更好的交易对象的权利；其次，网签时无权变更已有买卖合同条款，如此重要，而你都没有多看它两眼，因为你一直以为"只是个定金协议嘛"。

第六节
卖房都有哪些风险（二）

1．贷款

多数人买房都贷款，所以如果买家说："贷款由银行直接打到你的账户！"你肯定也觉得是再正常不过的事儿了，但如果你是置换客，等钱交首付，那么这句话还是要当心："该笔款项贷款银行支付，放款期限以贷款银行为准。"

【弊端和风险】

（1）银行逾期放款风险

常见的是年底银根收紧，不常见的是个别银行那些说不出道不明的原因。总之，银行出问题，本应是下家的风险，可有了那句话，就变成你的风险了。

（2）政策风险

如果在放款前遭遇政策变动，贷款收紧，也会延误放款。

（3）"包装"破裂

有些买家的贷款都是经过了第三方包装服务的，如果包装破裂，小把戏暴露，银行迟迟不放款，甚至降低额度，不放款，都会让等钱置换的房主进退两难。

2. 协议留白

楼市相对冷淡的时候，遇到出价不错的客户很难得，虽然他明确告知是置换购房，你也可能会做出一些妥协，比如答应下家："先签定金协议，等你的房子卖掉，再网签"，看着他"给钱就卖"的卖房决心，你心里想着："最多也就一个月嘛！"于是《居间协议》中，网签及交首付的日期空白。

【弊端和风险】这样的协议一旦签订，买家的心态可能就变了：不是"尽快出手"，而是"价高者得"；因为买的房子已经定下了，多卖一万是一万，也许他已经开始耐心等待下一波行情了……而你，只能拿着定金乖乖地等着。

第七节
别人花钱买来的教训

1. 看房时

房主串通中介，隐瞒违章建筑、公共面积私用的事实，虽然在看房时，将此作为售房亮点予以介绍，但却没有写进定金协议或买卖合同中。

后果：如果你在交付定金后发现，拒绝继续购买，非常可能会因此损失定金，因为你看过房了。如果网签后发现，就算你还愿意接受，也有可能在过户前遭遇"产权冻结"，不拆除，就不能过户，而有些房子拆除了违章搭建基本等于"半裸"。

解决方案：看房时不要只看装修采光，还要观察户型改造情况，承重墙变没变，有没有违规扩建，一旦发现可疑之处，查看产证中的户型图比照确认，或者向邻居和物业核实。

2. 最大的坑：房产被查封

房主对你隐瞒债务危机，成功！但对债权人隐瞒卖房信息，却失败了，所以债权人起诉同时查封房产，这个时候房主已经拿着房款消失……

后果：如果债务小于未付房款还好，只需积极与债权人及查封法院联系，一番波折后都能圆满解决。但如果债务远远大于未付房款，甚至大于房产价值，那就只能指望着房东良心发现退还房款了。可实际案例中，房东变死猪的情况比较多。

解决方案：

（1）尽可能通过多一些途径了解你的上家，比如失信黑名单、被执行人名单等，包括判例。

（2）如果碰到邻居（想办法碰到），聊几句，问问这家人的生活，有没有被什么神秘人骚扰过。

（3）急售的，要关心一下为什么。

（4）过户之前，不要全款，无论有多少折扣诱惑。除非卖家愿意配合做个抵押。

（5）假如不幸遭遇了半路查封，请律师调查一下查封信息，再想策略，千万不要马上书面解约。

3. 僵尸户

最坏的情况是，交易中压根没提到有户口，直到过户入住，才发现僵尸户口，此时全款已付清，房主不认账！

好一点的情况是，房主承诺迁出户口，但户籍本人不配合，最后房东索性尾款不要了，你也找不到他，尾款根本抵不掉户口带给你的恶心！

后果：一个僵尸户口＝10%房款。

即便这样，再次出售也极其困难。

解决方案：

（1）不要相信中介或房主说的"已清户"，买套房子不差几百块钱，不妨请律师查一下户口，只需要提供房产地址就可以。

ps：律师调查没准还会有惊喜哦，比如查出个凶宅什么的……

（2）如果一定要过户前清户，必须看到户籍本人，如果某个人与房东不是直系亲属，并且交易中从未出面，那就要小心了！放弃，或者留足够的尾款。

第八节
如何尽可能地规避"借名买房"带来的风险

1. 弄清楚所购房屋的性质

如果所要购买的房屋是拆迁房、安置房、经济适用房等有政策限制交易条件的房产，那么最好不要购买，以免发生纠纷，造成房钱两空。

2. 签订"借名买房合同"须言明房屋所有权归谁所有，明确双方的权利义务

借名买房人一般是实际出资人，因此，应当在借名买房合同中格外注明"经双方协商以甲方的名义购房，本房屋由乙方出资购买，房屋所有权归乙方，与甲方无关"等特殊条款，防止因房屋所有权不明确，为日后发生纠纷埋下隐患。

3. 借名买房人控制买房手续材料、留存足够的证据

出资的原始凭证，如存折、购房发票等，务必保存好。这样一旦名义产权人对借名买房合同的约定反悔，借名买房人就可以凭借足够的证据证明该房屋是借名买的，实际产权归借名买房人所有。

4. 约定严格的违约责任

为防止名义产权人违反借名买房合同的约定，将该房转让或抵押给第三人，在借名买房合同中最好约定：登记购房人不得过户房屋、迟延过户、将房屋卖给第三人等等；如果出现此类违约情况，就要承担相应的违约责任。这样就为双方严格履行借名买房合同，提供了相对充分的法律保障。

第九节

不具备商品房开发资质的开发商与购房者所签的商品房预售合同是否有效

很多人问：与开发商签订了商品房预售合同，交了一部分购房款，之后得知开发商在该项目上未取得商品房开发资质与商品房预售许可证。担心将来无法过户，现在不想要这房了，与没有取得开发资质的开发商签订的商品房预售合同有效吗？

根据《城市房地产开发经营管理条例》第二十三条：房地产开发企业预售商品房，应当符合下列条件：

（1）已交付全部土地使用权出让金，取得土地使用权证书；

（2）持有建设工程规划许可证和施工许可证；

（3）按提供的预售商品房计算，投入开发建设的资金达到工程建设总投资的25%以上，并已确定施工进度和竣工交付日期；

（4）已办理预售登记，取得商品房预售许可证明。

《城市商品房预售管理办法》第五条：商品房预售应当符合下列条件：

（1）已交付全部土地使用权出让金，取得土地使用权证书；

（2）持有建设工程规划许可证和施工许可证；

（3）按提供预售的商品房计算，投入开发建设的资金达到工程建设总投资的25%以上，并已经确定施工进度和竣工交付日期。

根据《关于加强商品房屋建设计划管理的暂行规定》：关于商品房屋建设的计划管理商品房屋是指由开发公司综合开发，建成后出售的住宅、商业用房以及其他建筑物。凡是自建或者委托施工单位建设或者参加统建，又是自己使用的住宅和其他建筑物，不属于商品房屋范围。

《最高人民法院关于审理商品房买卖合同纠纷案件适用法律若干问题的解释》第二条：出卖人未取得商品预售许可证明，与买受人订立的商品房预售合同，应当认定无效。

由于开发商不具备商品房开发资质，并未取得商品预售许可证明，所以开发商所建房屋既不属于商品房范围，也是不得提前预售的，因此双方订立的商品房预售合同应当认定为无效。根据我国《民法典》第157条规定：合同无效或者被撤销后，因该合同取得的财产，应当予以返还；不能返还或者没有必要返还的，应当折价补偿。有过错的一方应当赔偿对方因此所受到的损失，双方都有过错的，应当各自承担相应的责任。所以，购房者可以请求人民法院确认商品房预售合同无效，并根据对方的过错，要求其承担一定的责任。

第十节
逾期交房的认定及我们可以采取的应对措施

老郭购买了某小区，按约准备收房时，经第三方验房时发现房屋存在墙体开裂等二十余处问题，老郭多次要求开发商修整，但均无果而终，无法完成收房。

在购买期房的交易中，逾期交房的现象时有发生，那么在实践中，开发商逾期交房如何认定？而我们如果遇到开发商逾期交房的情形，可以采取什么措施以维护自身合法权益？

《最高人民法院关于审理商品房买卖合同纠纷案件适用法律若干问题的解释》第11条规定"对房屋的转移占有，视为房屋的交付使用，但当事人另有约定的除外"。依照相关规定，在商品房销售合同中，房屋的交付使用必须达到合同约定的条件，且须经过竣工验收和消防验收合格，否则，不能视为房屋已合格交付使用。若未达到合同约定的交付条件，须同时具备钥匙已交付、竣工验收合格以及已通过消防验收，才视为房屋已实际交付使用。房屋管理行政部门出具的商品房交付使用通知书是证明开发商所建房屋符合交付条件的重要依据。开发商虽已取得商品房交付使用通知书，但我们有充分证据证明开发商交付的房屋不具备合同约定条件的，不能认定房屋已符合交付条件。

如果遇到开发商逾期交房的情形，我们可以选择通过解除合同或者要求开发商支付违约金或者赔偿损失等途径维护自身合法权益。

一是我们行使合同解除权：《最高人民法院关于审理商品房买卖合同纠纷案件适用法律若干问题的解释》第十五条规定："根据《民法典》第563条的规定，出卖人延迟交付房屋，经催告后在三个月的合理期限内仍未履行，买受人请求解除合同的，应予支持，但当事人另有约定的除外。"即开发商延期交房的话，我们可以要求解除合同和退房，但是必须按照法定的条件和程序办理。因此，在开发商延迟交房时，不管我们是不是真的准备解除合同，都应当在开发商延迟交房后立即发函催告，并最好以快递等可保留凭证的方式进行。

二是我们可以要求开发商支付违约金或赔偿损失：《民法典》第577条规定："当事人一方不履行合同义务或者履行合同义务不符合约定的，应当承担继续履行、采取补救措施或者赔偿损失等违约责任。"

关于违约金的数额问题，《最高人民法院关于审理商品房买卖合同纠纷案件适用法律若干问题的解释》第十七条规定："商品房买卖合同没有约定违约金数额或者损失赔偿额计算方法，违约金数额或者损失赔偿额可以参照以下标准确定：逾期付款的，按照未付购房款总额，参照中国人民银行规定的金融机构计收逾期贷款利息的标准计算。逾期交付使用房屋的，按照逾期交付使用房屋期间有关主管部门公布或者有资格的房地产评估机构评定的同地段同类房屋租金标准确定。"第十六条规定："当事人以约定的违约金过高为由请求减少的，应当以违约金超过造成的损失30％为标准适当减少；当事人以约定的违约金低于造成的损失为由请求增加的，应当以违约造成的损失确定违约金数额。"即遇到此类问题，我们须注意购房合同中针对延期交房违约赔偿的相关条款约定。合同有约定的，按照约定赔偿。约定的违约金低于造成的损失的，当事人可以请求人民法院或者仲裁机构予以增加；约定的违约金过分高于造成的损失的，当事人可以请求人民法院或者仲裁机构予以适当减少。

第十一节
伪造的签名为何会被认定有效

未经本人同意，伪造别人签名的行为，往往被称为"造假"、"欺骗"、"冒充"等，给人的印象是：一定无效。最好马上推翻，再给冒充的人戴个没诚信大骗子的帽子。但在法律上，并不是！有这样一个案例，分享给大家。小赵和爷爷奶奶住在一个公租房里，有一天爷爷提交了小赵签名的"同意书"，把公房买了下来，产证只登记了爷爷自己的名字。

后来爷爷死了，爷爷的几个儿女商量了一下，"把房子分了，均分"很和谐……小赵知道以后不干了，起诉要求确认公房认购无效，提出爷爷提供的同住人签名是伪造的。经鉴定，还真的是伪造的。小赵拿到笔迹鉴定书，觉得这场官司必胜无疑啊，心里盘算着，现在自己手里也有钱了，推翻了爷爷购买售后公房的合同，自己就可以买下产权了，越想越开心。

鉴定结论生效以后，又来了张开庭传票。法官问小赵，"这后面三年多的房租谁交的呢？"法官为什么问这个问题呢？因为如果小赵不知道签名被伪造，还当公租房住着，那么必然有继续缴纳公房租金，变更承租人等一系列行为。否则，就证明他已经知道爷爷买下产权的事儿。法院认定，这位小赵所述不合常理，他早就知道公房转产权房的事实，但长达三年没有提出过异议，那么……就是认可。最终判决：驳回！

在《民法典》第164条：没有代理权、超越代理权或者代理权终止后的行为，只有经过被代理人的追认，被代理人才承担民事责任。未经追认的行为，由行为人承担民事责任。本人知道他人以本人名义实施民事行为而不做否认表示的，视为同意。签名被替代，是一种代理行为，只是没有经过授权，但不能由此认定为侵权。如果你知道后没有表示反对，会被视为追认了别人的无权代理，代理行为将被认定有效。

假的并不永远是假的，假久了也会变真。等你觉得时机成熟了，再出来推翻的时候，你会发现，已经推不动了！法律倾向于使不确定的东西确定下来，这样有利于稳定。就像那个扔靴子的故事……

第十二节
购房的定金可以分期收吗

老段和老婆购买了一套一手房，刚刚交钥匙，但房产证还没办出来。为了置换，小两口决定将这套一手房挂牌出售。刚挂上，就被小潘看中了。毛坯的，可以按照自己的喜好装修。

马上，老段和小潘建立交易关系，签订了《居间协议》，小潘支付了3万元意向金（意向金于双方达成买卖合意后转为定金）。同时，签订了中介版的《买卖合同》（这个时候就转好了，意向金变成了定金）中介版买卖合同——为了把意向金转化为定金，由各个中介公司按照自己的喜好制定。法院一般将其认定为预约合同。由于房产证还要1年左右办出，而老段这时候也在买房，也要用钱，所以向小潘明确要求定金必须达到房价的20%。同时表示，付足定金小潘就可以入住装修了。没想到的是，在制定合同补充协议的时候，硬是把上面两句话的意思捏到了一起，变成了："乙方支付20%的定金给甲方时，甲方交钥匙并同意乙方装修"。

结果，发生纠纷，老段说：由于你没付20%定金，你已经违约，正式通知你，解除合同。小潘说，合同没说20%定金的支付时间，我想什么时候付就什么时候付，我没违约，不同意解除合同。小潘起诉，要求双倍返还定金6万元。

最后法官根据补充协议的书面内容认定："乙方支付20%的定金给甲方时，甲方将该房屋钥匙交给乙方并同意乙方对该房屋进行装修。"该条款并未约定乙方支付20%定金的期限，结合合同的上下文可以认定，该条款是双方对提前交房的情况做出的约定，乙方支付20%定金仅是该条款设定的交房条件，并非乙方的合同义务。老段毫无悬念的败诉了。

老段认为只要能证明小潘承诺了付20%定金但没付，自己就可以通知小潘解除定金协议。但是……收的那3万元，怎么没返还呢？这3万元的定金，担保的是签订买卖合同呀，既然没返还，那就受3万元定金罚则的约束，现在房子不卖，判双倍返还人家6万元没错呀。小潘即便没有支付其余的定金，后果也只是另一部分定金约定不生效！除非老段在定金协议中明确约定，如果一个月内不补齐定金，则可以退回已付部分，然后房子就可以另售他人了。

一般来说，分期付对下家有利，对房东不利。因为只要收了定金，你就被绑架了（定金协议做特殊处理的除外），实际交易中下家经常追加定金，俗称"大定"，但上家追着下家要定金的，比较少见！定金就像下家为这笔交易买保险，定金的数额就像是理赔金额，他想买多少就买多少，勉强不得。对老段来讲，为了避免被定金绑定，丧失更好的交易机会，应坚持要求小潘一次性支付定金，或者委托中介收取意向金，待小潘定金备齐后，接收定金，签收条。

先买后卖的风险

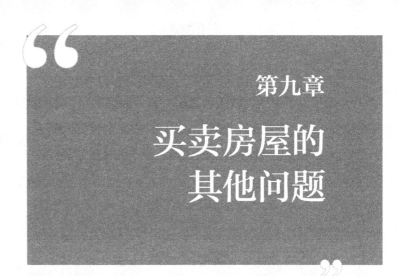

第九章

买卖房屋的
其他问题

买了房子没过
户，又被查封
怎么办

看下到房产证原件，下
家就可以拒绝签约吗

商住两用的房
子买下来可以
落户吗

第一节
先买后卖的风险

卖家和下家的贷款银行之间，有什么关系？答案当然是：没关系！正是这个"没关系"造成很多交易过户后房东焦头烂额，催银行，不理！催下家，换来个"我也没办法"，这种尴尬的局面，是置换卖家最怕的，因为很可能要自己独自面对逾期付款违约的风险，破解之法，在于两个合同中两处条款设置。

案例

　　虎子近两年生意做得不错，准备带领全家撤离老破小，住进大新房，于是挂牌出售的同时，开始看房选房，住了二十多年老破小的虎子一家人，对新房要求真不高，看着大阳台大飘窗，各个都喜欢！于是很快谈好了一套，为了锁定价格，下足20%的定金，四个月后签约付首付，另一头，自己的老破小迟迟找不到下家，一个重要的原因就是"贷款难"。

　　虎子的先买后卖行为遇到风险：一个月后，终于找到了买主，由于虎子诚心卖，买卖流程走的特别顺，很快交易过户了，按照之前的预期，过户后一个月放款的话，刚刚好赶在支付买房首付款的时间节点，但没想到赶上年底，银行迟迟不放款。为按时付款，承担高额利息，虎子认为买家应该承担按时付款义务，于是催买家付款，但人家也有自己的道理呀："你合同中同意贷款的，也同意银行直接付给你，现在没理由要求我再支付一次啊"，虎子知道，坚决不能逾期超过15天，否则新房房东一定会解约，无奈只能借款付了首付，承担了高额利息，两个月后，贷款终于放下来了，可利息也已经高达3万元！

　　起诉买家承担利息，虎子觉得，如果贷款不逾期发放，自己就不会产生那3万元的高额利息，于是把买家告上法庭。

判决结果：

合同约定贷款由放贷银行代陈××直接支付给刘×，故具体支付期限，非刘×与陈××所能控制，而由银行按贷款流程操作。陈××按合同约定及时将他项权证交至贷款银行，银行于6月24日将89万元贷款发放至刘×账户，此非陈××恶意违约所致。刘×要求陈××承担89万元逾期付款违约金的请求，法院不予支持。

忠告：置换买房面临的风险较大，尤其是先买后卖，因此，两个合同都要非常谨慎，作为买方（购进）：注意上家单方解约权的约定，尽量争取以高额逾期违约金替代单方解除权；作为卖方（售出）：注意贷款约定，主要是增加贷款发放时间及逾期责任的约定，两个措施都做好，像上面案例中虎子的情况就不会出现了！

第二节
买了房子没过户，又被查封怎么办

三年前，孙有一位朋友兰某因要出国照料即将生产的女儿，提出要把一套房子卖给孙，孙兰双方签订了二手房买卖协议。孙向兰某支付了全款，由于当时她的女儿突然临产，还未来得及办理房屋过户手续，她便出国了，于是孙便住进了该房，想等她回来后再补办手续。这一走，兰某至今还没有回来过，据称因交通事故，她现在反而需要女儿的照料。但是，最近孙获知，这套房子被法院查封了，原因是兰某的女儿两年前回国时借了一大笔钱，兰某当时通过做域外公证担任了保证人，现兰某和她的女儿被国内债权人诉至法院，现已到执行阶段，故兰某名下所有房产被查封，下一步将被拍卖。孙该怎么办？

答：最高人民法院《关于人民法院民事执行中查封、扣押、冻结财产的规定》第十七条规定，被执行人将其所有的需要办理过户登记的财产出卖给第三人，第三人已经支付部分或者全部价款并实际占有该财产，但尚未办理产权过户登记手续的，人民法院可以查封、扣押、冻结；第三人已经支付全部价款并实际占有，但未办理过户登记手续的，如果第三人对此没有过错，人民法院不得查封、扣押、冻结。

《最高人民法院关于人民法院办理执行异议和复议案件若干问题的规定》第二十八条规定，金钱债权执行中，买受人对登记在被执行人名下的不动产提出异议，符合下列情形且其权利能够排除执行的，人民法院应予支持：

（1）在人民法院查封之前已签订合法有效的书面买卖合同；

（2）在人民法院查封之前已合法占有该不动产；

（3）已支付全部价款，或者已按照合同约定支付部分价款且将剩余价款按照人民法院的要求交付执行；

（4）非因买受人自身原因未办理过户登记。

根据这一规定，由于孙女士与兰某签订有书面买卖合同，支付了全部房款，并已实际占有了该房屋，未办理过户登记的原因也非孙女士所引起，故孙女士可提出查封及执行异议，寻求司法救济。

依据《民法典》第580条第（一）项的规定，出卖人对买受人不履行非金钱债务或者履行非金钱债务不符合约定的，在法律上或者事实上不能履行情况下，买受人不得要求履行。出卖人违反此种义务，即应承担相应的法律后果。也就是说，合同的标的物已经归他人所有，实际履行已不能，在该种情形下，没有强制实际履行问题。此时，合同上的债务转化为损害赔偿的债务。出卖人依据《民法典》第577条当事人一方不履行合同义务或者履行合同义务不符合约定的，应当承担继续履行、采取补救措施或者赔偿损失等违约责任的规定，对债权得不到满足的买受人承担赔偿损失的责任。

第三节
一房多卖谁有优先过户权

在数个商品房买卖合同均有效的情况下，到底谁享有优先过户权？当前的法律并没有一个明确的规定。但是，结合我国民法的基本原则以及对我国多地法院相关判决的梳理，基本可以归结出以下规则：

1. 已经办理商品房预告登记的买受人享有优先过户权

我国《民法典》第二百二十一条第一款规定："当事人签订买卖房屋或者其他不动产物权的协议，为保障将来实现物权，按照约定可以向登记机构申请预告登记。预告登记后，未经预告登记的权利人同意，处分该不动产的，不发生物权效力。"这表明，预告登记具有准登记的公示与公信效力，依法享有优先过户权。

2. 未办理预告登记的，先行合法占有争议房屋的买受人享有优先过户权

最高人民法院《关于审理商品房买卖合同纠纷案件适用法律若干问题的解释》第十一条规定："对房屋的转移占有，视为房屋的交付使用，但当事人另有约定的除外。房屋毁损、灭失的风险，在交付使用前由出卖人承担，交付使用后由买受人承担"。由此来看，如果不支持已经先行合法占有争议房屋的买受人的优先过户权，则与我国民法上规定的公平原则相悖。

3. 未办理预告登记，又未合法占有争议房屋的，先行支付房屋价款的买受人享有优先过户权

对此我国法律没有相关规定，但是根据合同内容的相对性，支付房屋价款是买受人的义务，因此，已经先行支付房屋价款的买受人享有优先过户权。这是对合同当事人利益的维护，也是对正常市场经济秩序的维护。

一房数卖的基础解决路径：

（1）在签订合同时，买受人可以在合同中设置出卖人一房数卖的违约责任条款，提高出卖人的违约成本；

（2）及时办理预告登记，以保证将来物权权利的实现。

第四节
车位买卖的5大常识

关于买卖车位的问题，现在总结归纳几点：

一、车位能不能进行买卖？

能，但是分情况。如果是有产权的车位，二手房购房者可以从卖方那里进行车位购买；如果是只有使用权的车位，二手房购房者可以在办理物业交割的时候，进行车位租赁或转交，如果运气好，赶上卖家的车位使用合同到期，你可以直接办理更名。

二、哪些车位不能进行买卖？

1. 小区的公共空地

由于小区的土地使用权归全体业主，因此开发商无权出售敞开式地上车位。这类车位可以由业主大会授权业委会委托物业租给业主使用，扣除必要费用后归入小区维修资金。

2. 无约定的地下车位

在房屋买卖合同中，开发商必须申明该小区里的地下车位的产权属于单独转让，不随房子一起卖。如果没有类似的文字说明，地下车位也应当归业主按份共有，其收益也应归业主。这部分收益可以由小区业委会委托物业公司收取，收益扣除必要的管理成本后归入小区维修资金。

3. 已被公摊的地下车位

如果地下车位面积已作为公摊面积被小区业主分摊了，那么开发商就无权出售。换句话说，卖房子的时候已经把地下车位的面积分摊到每个业主的身上，并且按比例收过钱了，再把这样的地下车位卖给业主，就是重复收钱。

4. 人防工程禁止开发商销售

没有分摊的地下面积是不是都可以卖呢？当然不是。有的地下车位属于人防工程，而人防工程是国家强制配套，禁止开发商销售。

5. 销售使用权超过20年属于欺诈

消费者租赁车位，即所谓的销售使用权，最长期限也只有20年，20年后是不受法律保护的。凡是销售使用权超过20年并且不向消费者声明20年后不受法律保护的，都是欺诈行为，消费者可请求双倍赔偿。

三、地下车库可以计入容积率吗？

开发商如果将地下车库作为地下建筑面积报批，则地下车库可以计入容积率，也可以进行房地产权的初始登记，取得独立的产权证书，开发商可以保留其所有权。反之，如果没有计入容积率，则伴随着分摊了土地使用权的房屋所有权出售给全部业主，这些房屋分摊的土地使用权也转移给全部业主，进而占用了这些业主共有场地的车位（库）的所有权亦应归业主共有。

四、购买无产权车位有风险？

购买没有产权的车位风险较大。签订的所谓"车位买卖合同"，实际上很多时候只能视为长期租赁协议，一旦出现自然灾害等不可预知状况时，车位就不再属于业主了。另外，一旦遇到小区拆迁等问题，没有产权登记的车位肯定是拿不到拆迁补偿款的。尽管开发商宣称业主购买停车位之后可以自由转让使用权，价格自定，物业还可以免费办理变更登记；但是没有权利转移凭证的停车位交易，始终存在不小风险。

五、车位交易流程有什么？

车位买卖流程：车位检验→签约→缴税→过户。

第五节
买房一定要实地看

老杨有套房子出售，顶楼，旋转楼梯接露天平台，特别漂亮。

这套房子很快被晓静看中了，在中介和老杨带领下，看了房子，交了定金。老杨和中介在介绍房子的时候以顶楼的阁楼为亮点，虽然也出示了房产证，但基于对房东和中介的信任，晓静并没有仔细核实房产证内容。晓静找房时就明确表示，需要置换三房，但老杨的房子其实是两房一厅，需要把阁楼装修成卧室，才够一家人居住，为了装修做准备，晓静去物业咨询，结果被告知，虽然阁楼一直被老杨占用，但其实阁楼属于顶层住户的公用面积，由于邻里关系相处较好，其他邻居也未提出异议，如果将其装修居住，则属于非法占用。晓静一听急了，想要回定金，但被老杨拒绝。无奈晓静起诉，要求返还定金，解除合同。

理由是自己被欺诈了……

合同法规定，一方以欺诈的手段，使对方在违背真实意思的情况下订立的合同，受害方有权请求撤销。一方当事人故意告知对方虚假情况，或者故意隐瞒真实情况，诱使对方当事人做出错误的意思表示的，可以认定为欺诈行为。

如果没让她看房子，人家说你欺诈，就真不好解释了，但实际上是自己亲眼看的房子，判断失误的锅就得自己背。阁楼的主体结构跟房子不一样，应该看得到吧！阁楼也能扭扭曲曲通到别人家，应该看得到吧！这个时候应该怀疑，应该去核实，人家也给你核实的机会了（房东出示产证了呀）。可是她却选择"善良"地相信别人，这怎么能算被欺诈呢。是自己糊涂了呀！判决结果一审法院说：你自己看房子了，没看出来，怪谁？二审法院也说：人家让你看房产证了，自己没看出来，怪谁？可见，如果当初没实地看房，判决结果也许就会不同。至少房东的解释成本会很大，合同上若稍一疏忽，双倍返还定金的可能性也是有的。

第六节
看不到房产证原件，下家就可以拒绝签约吗

很多房东由于对外借款，产证原件往往在债权人手上，出售房产时，虽然有房产证复印件，也拉了产调，但下家执意要求出示房产证原件才签约，最终导致网签不成，是谁的过错呢？上家能没收定金吗？下家又能否要求双倍返还？

小迪因做生意急需用钱，向兴业银行借款440万元，以房产抵押。

眼看着还款期限就要到了，生意却不见好转，与其等银行执行，不如主动卖房子还款。于是挂牌出售，不久就遇到了买房子的小美。签了居间协议后，收了50万元定金，约定一个月后网签。

约定的网签时间到了，双方都准时到了中介门店准备签约，按照居间合同约定，签约后，小美就要支付150万元，连同定金50万元，首付款一共200万元。想到房子上有440万元的抵押债权，万一小迪不去还款，银行查封了怎么办？这两年生意不好做，小迪在外会不会还有其他欠款？小美越想越担心，对小迪说：我要看到房产证原件，否则我不签字！一拍两散后，小迪发律师函给小美，要求她尽快付款，小美则回函要求解除居间协议，并让小迪返还100万元。起诉后，两人各执一词，都认为是对方违约，一个要求扣留50万元定金，另一个反诉要求双倍返还。

在没有任何承诺和声明的情况下，法官认为小美的担心是合理的，并非过错，由于是否出示房产证原件并不影响签约，只是影响了买家的信任度，因此小迪也没有违约。最终认定：双方均无过错，属于"不可归责于双方的事由导致合同未能订立"，解除居间协议，返还定金。

第七节
可以联名买房破限购吗

联名购房最好能够事先就产权比例等事项做出约定并办理公证。联名买房的费用和自己单独买房的费用除公证费外并无区别。

若再由联名变为单独所有，根据现有政策规定，在取得房屋所有权证后，共有人可以通过买卖、赠与等方式处理其自有部分房屋产权，共有人在同等条件下享有优先购买权。

第八节
买家单方追加的定金，有效吗

买卖双方签居间协议的时候，约定支付2万元定金；几天后，买家又往卖家账户上转了6万元，备注"补大定"……后卖家反悔，买家要求双倍返还定金，那么问题来了：定金到底是2万元，还是8万元呢？

> **案例**
>
> 晶晶通过中原地产，与杨阿姨签了两份协议支付2万元定金：晶晶（乙方）为表示对该房地产之购买诚意，支付意向金人民币20000元，作为……。如……则该意向金转为定金，以担保《房屋买卖合同》的履行。本合同所涉定金为担保本次买卖交易的顺利履行而设立。若杨不卖，则双倍返还定金；若晶……不买，则已支付的定金不予返还。
>
> 晶晶付了2万元定金后，发现杨阿姨好像有点儿不想卖，为了稳住交易，通过中介的一番沟通后，晶晶又往杨阿姨卡上打了6万元"大定"，没想到杨阿姨最后还是决定违约，退回了晶晶定金。
>
> 买家愤然起诉，要求双倍返还定金，晶晶起诉要求双倍返还定金8万元。
>
> 起诉状：居间协议约定"卖家违约，双倍返还定金"，我一共支付了8万元，所以要求卖家双倍返还定金共16万元。

庭审观念：

（1）居间协议及定金收据明确了定金金额是2万；

（2）中原物业提出补充支付60000元，并非卖家主动要求追加定金；

（3）并且对该笔款项的性质在支付之前双方并无明确，在支付之后双方意见不一；

（4）晶晶在汇款单上写明的"用于房屋定金"及催告函中陈述定金为80000元皆为晶晶单方意思表示，杨某某并未认可。

法院判决：

（1）定金为2万元，剩下的6万元是房款；

（2）判决杨某某双倍返还定金2万元，已退还2万元，再支付2万元即可。

案例总结：

（1）"补大定"一定要有合同依据，或者能够证明，双方对款项性质协商一致。

（2）为了便于买家根据市场行情及卖家情况追加定金，一定要在居间协议中做好"铺垫"。

第九节
商住两用的房子买下来可以落户吗

问： 商住两用的房子买下来可以落户吗？

答： 商住楼是指这个楼的使用性质是商、住两用，往往是底层或者是几层为商场、商铺、商务办公楼，其余为住宅的综合性大楼，它的土地使用性质为综合用地。

第十二条 土地使用权出让最高年限按照下列用途确定：

（1）居住用地七十年；

（2）工业用地五十年；

（3）教育、科技、文化、卫生、体育用地五十年；

（4）商业、旅游、娱乐用地四十年；

（5）综合或者其他用地五十年。

据国家土地法规定，综合土地的使用权年限为50年。如果购买此类住房，房产证上显示的是非住宅用地，是不能落户的。因为只有住宅用地的房屋才可以落户，如果想要落户，只能购买70年产权的住宅。

第十节
实务中几类常见合同审查技巧和方法

任何需要审查的合同，首先应当通过阅读整个合同的全部条款，准确把握合同项下所涉法律关系的性质，以确定该合同所适用的法律法规。

合同审查的着重点：合同的效力，合同的中止、终止、解除，违约责任和争议解决条款。

一、合同的效力问题

（1）《民法典》第一百四十六条规定：行为人与相对人以虚假的意思表示实施的民事法律行为无效。以虚假的意思表示隐藏的民事法律行为的效力，依照有关法律规定处理。第一百五十三条规定：违反法律、行政法规的强制性规定的民事法律行为无效。但是，该强制性规定不导致该民事法律行为无效的除外。违背公序良俗的民事法律行为无效。第一百五十四条规定：行为人与相对人恶意串通，损害他人合法权益的民事法律行为无效。

因此，在审查合同时，应认真分析合同所涉及的法律关系，判断是否存在导致合同被认定为无效的情形，并认真分析合同无效情况下产生的法律后果。

（2）注意审查合同的主体。主体的行为能力可以决定合同的效力。对于特殊行业的主体，要审查其是否具有从事合同项下行为的资格，如果合同主体不具有法律、行政法规规定的资格的，可能导致合同无效，因此对主体的审查也是合同审查的重点。

（3）对于无权代理、无权处分的主体签订的合同，应当在审查意见中明确可能导致合同被变更、被撤销的法律后果。

（4）注意合同是否附条件或附期限。

（5）注意合同中是否存在无效的条款，包括无效的免责条款和无效的仲裁条款。

二、合同的履行和中止

（1）《民法典》第511条明确规定了合同中部分条款约定不明、没有约定的情形下的履行方法，因此对这部分条款需仔细审查，包括质量标准、价款或报酬、履行地点、履行期限、履行方式、履行费用等条款。

（2）《民法典》规定了双务合同中的不安履行抗辩权、先履行抗辩权和同时履行抗辩权，因此在审查合同时，应结合违约责任的约定注意审查双方义务的履行顺序问题。

三、合同的终止和解除

合同的终止和解除是两个并不完全等同的法律概念，合同解除是合同终止的情形之一，合同审查时应掌握合同法第六章关于合同的权利义务终止的相关规定。

（1）合同的终止

合同终止是指合同权利义务的终止，其法律后果只发生一个向后的效力，即合同不再履行。《民法典》第557条规定了合同终止的若干情况：债务已按照约定履行；合同解除；债务相互抵销；债务人依法将标的物提存；债权人免除债务；债权债务同归于一人；法律规定或当事人约定终止的其他情形。

根据上述557条最后一款的授权，许多合同文本都有专门条款约定债权债务终止的情况，但有些约定往往是对违约责任的重复，而违约的情形是可依据合同中关于违约责任的约定承担责任，这种责任的承担与合同终止的法律后果往往是不同的，因此，应结合关于违约责任的约定分析对合同终止的约定是否属于可以且必要的情形。

（2）合同的解除

《民法典》第562条规定了当事人双方可以在合同中约定解除合同的条件，这些条件的设置往往与一方违约相联系，这是在合同审查时需注意的问题。

《民法典》第563条规定了单方解除合同的情形，但应当注意这种解除权是一种单方任意解除权而非法定解除权，对该条的适用仍需当事人的约定。同时，这种解除需要提出解除的一方通知对方，且在通知到达对方时发生解除的效力。这也是在合同审查时需要注意的问题之一。特别是在一方迟延履行时，只有这种迟延达到根本违约的程度时，另一方才享有单方解除权，否则应给予违约方合理期限令其履行合同义务而不能解除合同。

审查时还要注意的一个重要问题是是否约定了行使解除权的期限。根据《民法典》第564条的规定，双方可以约定行使解除权的期限，没有约定的适用法律规定，法律也没有规定的，则在对方催告后的合理期限内必须行使，否则会导致该权利的丧失。《民法典》分则许多条款都有关于法定解除的特别规定，如赠与合同、不定期租赁合同、承揽合同、委托合同、货运合同、保险合同等，这要求审查时掌握《民法典》分则对各类合同的具体规定。

合同解除的效力较合同终止更为复杂。首先它产生一个向后的效力，即对将来发生的效力——未履行的终止履行；其次，对于合同解除的溯及力问题《民法典》并没有做一刀切的规定，而是根据履行情况和合同性质，可以要求恢复原装（相互返还）；最后，也是最为重要的一点，多数合同在违约责任条款中会约定一方有权解除合同，并要求对方承担违约责任，这种约定实际上是错误的，正确的表述是：解除权人有损失的，可要求违约方赔偿损失。可以约定该赔偿金的计算方法。

四、合同争议解决条款

主要涉及仲裁条款的效力问题。目前对于约定两个仲裁机构的已被认定为有效的仲裁条款。应当写明仲裁机构的名称、仲裁事项。

对于诉讼的条款，应注意选择的法院是否有利。

五、几类常见合同的审查

1. 买卖合同

（1）注意审查对合同项下标的的描述，应当有品名、规格、型号、数量、单价（或总价）；

（2）交货条款：交货时间、地点；

（3）付款方式：应注意审查付款条件；

（4）验收：应注意验收与付款的衔接问题；

（5）运输条款：应注意审查运输费用的承担、运输和交货条款的衔接；

（6）包装：注意审查是否有特殊的包装要求；

（7）检验条款：第4项所列明的验收条款是基于通信类产品、设备往往需要在安装、调试后经过试运行方可确定产品或设备的可用性，因此在通信类产品和设备的买卖合同中与付款相挂钩的往往有初验、终验等条款。而此处检验条款是指《民法典》第620条、621条、622条、623条规定的情形，往往是到货时的检验，对此应掌握《合同法》第157条、158条的规定；

（8）安装、调试、初验、试运行和终验条款。应注意各个环节的衔接及各环节的处理和对下一环节的影响；

（9）培训条款：注意培训费用、培训内容的约定；

（10）保修：注意保修期限的起始点和保修期内故障的处理；

（11）索赔和违约责任：有关违约责任及赔偿并不一定仅出现在索赔和违约责任这一专章条款中，可能在各个条款中，因此在审查违约责任时应注意前述各条款的内容中是否有出现违约的情形，如果在相关各方义务的条款中没有约定违约责任，则应在违约责任专章中有所约定。对于违约责任部分，可以列一个帽子条款，将各种违约情形笼统的约定在一个条款中，如：任何乙方违反本合同中的承诺、保证及本合同约定的义务，应向守约方支付违约金并赔偿守约方因此而遭受的损失；

（12）争议解决：注意审查仲裁条款的效力问题；

（13）不可抗力条款：应注意对不可抗力的界定是否和法律规定的一致。

对于买卖合同，应当掌握《民法典》关于分期付款买卖、适用买卖、凭样品买卖的特殊规定，尤其是对合同解除方面的特殊规定，这与违约责任有密切关系。

2. 建设工程合同（工程类合同）

（1）这类合同特别要注意审查合同总额或称工程总价和款项支付条款之间的联系，有些合同在工程概况条款中约定了合同总额，该数额是确定的，但在付款条款中又约定了经审计后再付款，显然，这样的合同条款是相互矛盾的，因当在合同总额中写明是暂定数额，具体款项按审计结果确定。

（2）工程类合同涉及大量的合同附件，要注意与合同的相关条款的一致性。

（3）注意审查竣工验收条款。此外，竣工验收又关系到交付、保修期等。

（4）注意违约责任的约定，特别要注意到工期延误、因工程质量问题造成无法验收时的违约责任等。

（5）对于经过招投标程序的，还需要审查有关的招投标文件与合同约定是否相符。

3. 租赁合同

（1）注意《民法典》对租赁期限的特别规定；

（2）对于出租方对租赁标的是否享有完整的权利；

（3）租赁标的的维护问题，《民法典》713条规定，原则上是由出租人履行维修义务，但当事人可以约定，因此在审查合同时应注意是否由关于标的物维修的特别约定，如没有，维修义务属于出租方；

（4）租赁合同中如有转租条款的，应审查是否明确转租须经出租人同意。此外，应根据情况提示转租的法律后果及承租人使用租赁标的的毁损灭失仍应向出租人承担赔偿责任；

（5）一部分合同采用的名称是《租赁合同》，但通读合同全部条款后会发现，该合同实质上是一个融资租赁合同，《民法典》对融资租赁合同有专门的规定，因此熟悉这些规定才能对融资租赁合同进行全面审查。同时，对融资租赁合同通常宜采用买卖和租赁两个合同分别进行约定，因此应注意两份合同的呼应一致；

（6）违约责任方面，应注意出租人迟延交付租赁标的、交付的租赁标的有瑕疵（包括权利瑕疵和质量瑕疵等方面）的违约责任，承租人迟延支付租金、违反合同约定使用租赁标的、擅自转租、擅自改善租赁标的等方面的违约责任。

第十一节
关于置换和违约问题

问： 先买后卖的置换，已经网签。现在市场行情不好，自己的房子一直没能卖出（已经降价10%），如果再降则无力承担购房的费用。现在可能面临违约。那么关于违约条款中需要承担20%的违约金，是否在现实诉讼中可以少付点呢？需要有什么举证呢？目前的情况是，当初上家在购房前来问过我们卖房情况，我们如实跟上家说了有违约风险，但上家还是没等我们答复就签约了。另外当初买房被中介误导，说我们房子能卖多少，然后签了独家协议后中介一直没作为，导致延误了卖房时机，能因此也追究中介责任吗？还有预付了2万元中介费，如果违约了能讨要回来吗？

答： （1）合同中虽然约定了违约者承担20%违约金，但诉讼中你可以主张调低，理由是"过分高于给卖家造成的实际损失"，此后卖家需要证明自己的实际损失，比如房价下跌的损失，以及由于你的违约直接导致的其他损失（可预见），如果卖家的举证很有力，那么判决的违约金就会比较高，一般是略高于上家证明的实际损失。但如果上家没有证据，法院会较大幅度地调低违约金，这种情况下，判例常见的为10%～5%，这也与下家的违约恶意有关。

（2）至于后面说的，卖家明知你要置换，有违约风险，还与你签约的问题，因为没有书面的告知，合同中也没有设置相关的免责条款，不能证明上家放弃对你违约的追究，所以庭审中这项没有太大意义。

（3）中介的承诺听听就算了，你信就是你不对。

（4）网签已经完成，中介费是要付的了，但是如果后续工作没有进行下去，中介费可以适当降低，一般为约定金额的50%～80%，你自己拿捏。

问： 我们在4月份的网签合同中有如下约定：若乙方在2017年6月XX日（约定的过户日期）之前，购房申请贷款未能审批通过，乙方由银行按揭贷款买房变为一次性付款购买，乙方应于过户当日全额现金支付甲方。

另外，双方还签了一份协议，即约定乙方贷款手续若没有完成，在改约定日之前乙方须全额现金支付甲方，之后甲方配合乙方办理交易和贷款手续，甲方收到银行房款后一个工作日后返还给乙方。

由于我（甲方）属于置换，因此对于房款到位情况比较敏感，因此上述条约有无问题？

答： 网签合同的约定没问题，但协议有问题。

首先，如果下家现金支付后，办理了交易过户，那就不能再办住房按揭贷款申请了，因为住房贷款要先审批后过户，在过户当日递交银行贷款合同的。其次，你收到银行放款后，再返还给下家，不赞成这个操作方案，因为法律关系非常混乱。

银行放款的性质是房款，你是房东，却把房款返还下家……有违信贷管理之嫌。虽然事实上很好理解，但法律关系上面有问题，发生纠纷的时候就难解释。

建议是：如果过户日期下家没有拿到贷款合同，那么做一个附条件借款，下家如果支付借款给你，你就给他宽限期，否则就按照合同处理，下家违约，并把你的置换风险列入违约损失项。

问： 你好，我是先买后卖，我11月底新政后签的居间协议，付了15万元定金，没签首付和交易时间，只写了"等我房子卖掉后再付首付"，但现在我房子还没卖掉，那边的房东着急要首付，请问，我如何才能让她给自己更多的时间？如果双方解约，我能拿回定金吗？还有中介说如果谁违约要付中介费，请问这中介费必须要付吗？还是只需付部分？

答： （1）如果定金协议中明确约定了等你房子卖掉后再付首付，那么卖家的确有较长的容忍义务；但是，这个容忍义务以你"积极售房"为前提，因为这样的约定背后还有一层隐含的内容，就是"为了积极履行本合同，我有积极将房子卖出的义务"；如果对方能够证明你消极怠于履行这个义务，你可能面临违约责任，这个违约认定的后果就是你可能丧失定金，甚至如果居间协议被认定为本约（意思就是实际建立了买卖合同关系），你甚至会被追究到房东的其他实际损失。

（2）居间协议里约定的"谁违约谁付中介费"是无效的，没必要付。

问： 我是上家，和买家、中介签订了房屋买卖居间合同，并收了下家5000元的意向金，约定一周内补足10万元的定金，他不得提前收回意向金。约定了网签时间并支付首付款，但是没有约定房屋过户时间，现在我提出希望在收10万元定金的时候就确定过户时间，沟通后买家不同意，只同意在网签的时候最终确定，我的疑问是如果他不同意我的要求我可以退还意向金吗？这个属不属于违约？另外，如果我同意买家的要求，网签时再确定过户时间对我的风险是什么？我担心他贷款不出拖延时间，因为我也要置换。

答： 你这里有一个误区，我先纠正一下：上家收下家的钱，不是定金就是房款，不会是意向金。意向金是中介收的。

你收了5千元，也签了居间，那么据我推断，这5千元已经是定金了。

大的原则是：居间协议中没有约定的问题，网签时双方可以就此协商，协商一致就签，协商不一致就不签，互不承担责任。

既然在过户时间这个问题上，居间协议是空白地带，你可以提出你的要求，并记录对方的明确意见，同意或者不同意。如果对方不同意，你便以"合同主要条款无法达成一致"为由，退还定金，不需要承担责任。

再次强调一下：记录无法签约的真实原因，是你逃避定金罚则的关键。

问： 您好，我是先买后卖，在中介忽悠下直接网签了。旧物业没能出售成功，约定三个月后付首付，首付日期已过，对方说走法律程序。总价309万元，对方要打官司要20%赔偿。打官司的话，我现在要做什么准备。

答： 先买后卖，犯了置换买房的一个严重错误！在房价上涨通道内，先买后卖可以最大限度地获得房屋涨价红利，"两头占"。可一旦房价停止上涨，先买后卖的客户就像没加满油就急于起飞的飞机，会摔得很惨。

你可以在对方起诉后，请求法院调低违约金。但至于最终能调整到多少，10%还是5%，全看你的证据能不能说服法官。切入点主要有两个：（1）违约所造成实际损失远远没有20%；（2）举证合同履行情况良好，做过有效的风险告知、及时沟通客观告知，已尽力帮助对方降低损失，另外主观恶意程度较低。

住宅买哪一层最好

第十章

买房须知

（一）

房子分哪几种

户型图上六大标注

如何分辨房屋
采光好坏

第一节
房子分哪几种？各种住房有何不同

自住房、商住房、公租房、经适房、限价房，当你听到各种"房"的叫法时，是不是已经晕了？现在教你看懂各种"房"之间的区别，哪些能交易？哪些无产权？对于保障性质的住房，又具体有哪些人可以申请？

总的来看，我们住的房子主要分为以下几类：

（1）商品房：普通商品房、自住型商品房。

（2）商住房。

（3）保障性住房：廉租房、公租房、经济适用住房、限价房。

各种住房有何不同？

	商品房	自住型商品房	商住房
定义	简单说即市面上交易流通的房屋	价格比周边商品房低三成，让普通百姓买得起。但售出有严格限制	开发写字楼的地盖了商品房，商住两用
土地性质	住宅地产	住宅地产	商业地产
供应对象	本地户籍及符合条件的非户籍家庭	本地户籍及符合条件的非户籍家庭	不受户籍贷款限制；北京已实施限购
产权	完全产权（70年产权）	共有产权	完全产权（50年产权）
可否交易	✓	✓	✓
交易条件	有房产证便可交易，但不同城市有不同限制	购买5年后可转让，应交纳相应土地收益等价款。转让后不得再购买	可交易。北京地区售出有严格限制

图10-1　商品房的不同类型

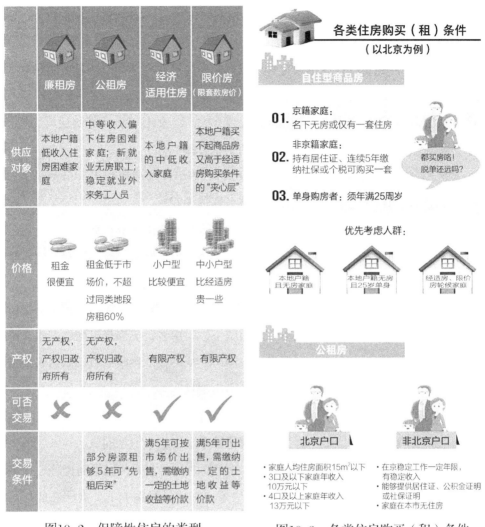

图10-2　保障性住房的类型　　　　图10-3　各类住房购买（租）条件

第二节
买房时需要知道的一些术语

（1）多层：不高于6层的住宅，多为3~6层，常见建筑结构为砖混结构。

（2）小高层：建筑设计规范规定7~9层为中高层住宅，10层及以上为高层住宅；7～11层的住宅从尺度上说具有多层住宅同样的氛围，而又是较低的高层住宅，故称为小高层。

（3）高层：建筑设计规范规定10层及以上为高层住宅，受市场习惯的影响，我们通常将12层以上的住宅称为高层。

（4）超高层：以高度为判断标准，高度100m以上的住宅称为超高层。

（5）独栋别墅：一户一栋独立建筑的别墅产品。

（6）联排/双拼别墅：多户住宅联立成为一栋单体每户单独出入口，通常为四联或六联，两户住宅联立成为一栋单体，则称为双拼。

（7）叠拼类别墅：多户住宅在垂直方向和水平方向上联立，此种住宅可通过不同方向、不同标高入户来解决交通问题。每户户内空间有别墅的特点。建筑单体通常为四层或以上。

（8）酒店式公寓/公寓式酒店：两者差别：前者是居住建筑，而后者是旅馆建筑。酒店式公寓楼盘可将每个单元出售给个体买房者，买房者可拥有产权，可自住、出租、转售，而公寓式酒店则属于酒店，从产权的年限来看，酒店式公寓的产权年限为70年或50年两种，而公寓式酒店则只有40年。

（9）跃层：是一套住宅占两个楼层，有内部楼梯联系上下层。一般在首层安排起居室、厨房、餐厅、卫生间，二层安排卧室、书房、卫生间。

（10）复式：概念上是一层，并不具备完整的两层空间，但层高比普通住宅高，可在局部分出夹层，安排卧室或书房等，用楼梯联系上下。夹层在底层的投影面积只占底层面积的一部分，夹层和底层之间有视线上的交流和空间上的流通。

（11）错层：纵向或横向剖面中，楼层的几部分之间楼地面高低错开。

（12）标准层：平面布置相同的住宅楼层。

（13）层高/净高：层高指建筑物的层间高度及本层楼面或地面至上一层楼面或地面的高度；净高指房间的净空高度及地面至天花板下皮的高度。

（14）建筑面积、使用面积、使用率、交通面积、结构面积。

①建筑面积指建筑物长度、宽度的外包尺寸的乘积再乘以层数。它由使用面积、交通面积和结构面积组成。

②使用面积指主要使用房间和辅助使用房间的净面积（净面积为轴线尺寸减去墙厚所得的净尺寸的乘积）。

③使用率亦称得房率，指使用面积占建筑面积的百分数。

④交通面积指走道、楼梯间、电梯间等交通联系设施的净面积。

⑤结构面积指墙体、柱所占的面积。

（15）骑楼：有雨遮之一楼直道部分。

（16）裙楼：指建筑体底部较庞大之建筑体，常用于商业、办公。

（17）采光：获得光亮，直接接受自然光线和亮度。

（18）通风：风（空气）之来源、去路。

（19）进深：房间长度方向叫进深，宽度方向叫开间。

（20）玄关：玄关就是登堂入室第一步所在的位置，它是一个缓冲过渡的地段。玄关一般与厅相连，由于功能不同，需调度装饰手段加以分割就是自己人回家，也要有一块放雨伞、挂雨衣、换鞋、搁包的地方。

（21）建筑密度＝建筑占地面积/建筑用地面积。

（22）社区公摊：建筑物每户都会直接使用及间接使用的公用部分。

（23）套内公摊：本楼层住户直接使用及间接使用的公用部分。

（24）期房和现房：项目刚开发或开发阶段叫期房，项目完全建成，经验收合格后叫现房。

（25）卫浴三大件：洗脸盆、浴盆、坐式马桶。

（26）单元式高层住宅：由多个住宅单元组合而成，每单元均设有楼梯。电梯的高层住宅。

（27）塔式高层住宅：以共用楼梯、电梯为核心布置多套住房的高层住宅。

（28）通廊式高层住宅：由共用楼梯、电梯通过内、外廊进入各套住房的高层住宅。

（29）小区布局形式：行列式、围合式、组团式。建筑形式：塔式、板式、墙式。

（30）窗：落地窗、阳光窗、转角飘窗、弧形窗、天窗。

（31）建筑物的基础可按三种不同的方法分类：

①按使用材料分：可分为砖基础、毛石基础、混凝土基础、钢筋混凝土基础等。

②按构造形式分：可分为独立基础、条形基础、井格基础、板式基础、筏形基础、箱形基础、桩基础等。

③按使用材料受力特点分：可分为刚性基础和柔性基础。

（32）地下室：地下室是指房间地面低于室外地平面的高度超过该房间净高的1/2者。半地下室：半地下室是指房间地面低于室外地平面的高度超过该房间净高的1/3，且不超过1/2者。

（33）实用率：实用率是套内建筑面积和住宅面积之比，大于使用率。即实用率＝套内建筑面积/（套内建筑面积＋分摊的共有共用建筑面积）。

（34）公用建筑面积分摊系数：将建筑物整栋的公用建筑面积除以整栋楼各套套内建筑面积之和，得到建筑物的公用建筑面积分摊系数。即公用建筑面积分摊系数＝公用建筑面积/套内建筑面积之和。

第三节
注意户型图上的六大标注

目前在售的房屋很多都是期房，因此我们只能通过户型图来选房。如果对户型图研究不够细致，最初的设计和最终的实物之间会有较大的出入。

1. 开间和进深

进深过深，开间狭窄：不利于通风和采光。进深偏小，开间过大：不利于房间保温，浪费能源。

住宅建筑的开间常采用下列参数：2.1m、2.4m、2.7m、3.0m、3.3m、3.6m、3.9m、4.2m。进深与开间之比一般介于1∶1.5之间较好。

2. 面积

在看户型图时，一定要注意辨别建筑面积与实际使用面积之间的差别，这就需要向售楼员询问楼盘的公摊面积有多少。用建筑面积减去公摊的面积，就是户型的实际使用面积。公摊面积越小的房子，得房率越高，也越实惠。

3. 比例和布局

比例是否合理，并不在于大小，而在于房屋各个部分的布局。比如在总面积不大的情况下，次卧只留8～9m²的状况很常见，但这样的状况在实际使用中很难施展。另外，有的户型将卫生间的开门直接对着客厅、餐厅，在看户型图的时候，不会觉得有很大问题，但在实际生活中可能就会遇到诸如室内空气流通不好的问题。

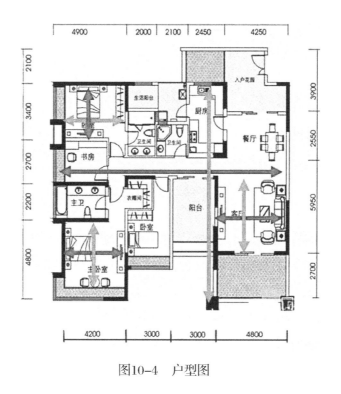

图10-4 户型图

4. 整层平面图

在户型图上常见的都是某一住宅的某一户户型图，常常忽略整层的平面图。一般而言，整层平面图位于画面中不被注意的一小角上。如没有标注，最好向销售人员进行咨询。

电梯、走道、楼梯、强电弱电、过道窗等对居住者的日常生活都会产生或利或弊的影响。把房型放到整个楼层能了解到它受这些配件的影响程度；相邻房型的也有非常大的影响，主要包括是否遮挡采光、私密性是否能得到保障。

5. 家具摆放

有些户型图为了达到宜居效果，会把户型图内的各类家具制作成不等比例的图样，使我们对实际尺寸产生错觉，看户型图时需要格外小心，以标注的具体尺寸为准。

6. 可变结构

房型在某些时候是可以通过"后天补救"的。所以了解房型的可变结构十分重要。例如哪些墙是承重墙不能拆，哪些墙是可以进行改造的；下水管、上水管的位置、电线走向等也要尽可能地掌握。

第四节
如何分辨房子采光好坏

房子与我们密切相关，时时刻刻影响着我们的生活以及我们的健康。而采光的好坏作为住宅非常重要的一个评价标准，更是在潜移默化中影响着我们的情绪、心理及健康，所以对于购房者来说采光的好坏也是我们必须要考虑的问题。那么，怎么挑选采光好的房子呢？

1. 前后楼间距大小

楼间距越大，采光越好。前后的楼间距过小，则采光会受到影响。这个简单的道理，相信大家都懂。

2. 房屋的朝向

朝南的房间采光好，朝北的房间采光差。如果一个房子，朝南的窗户少，则采光就比较差了。客厅和主卧要朝南，在此基础上，如果还有其他的功能分区朝南，就更好了。

3. 楼层的高度

一般来讲，高楼层的采光比低楼层的采光好。但如果楼间距够大，周边没有高大的建筑物遮挡，则低楼层的采光，也是不错的。

4. 房屋的开间与进深

面宽大、进深小的房子采光好；而面宽小、进深大的房子采光一定不会很理想。

5. 采光窗的面积大小

阳光主要是通过窗户照射进来，有窗户的房间，才会有自然光。如果窗户的面积过小，则照射进来的自然光有限。窗户面积过大，又会影响室内的温度和湿度，对室内的保温、节能造成影响。因此，窗户的面积大小要适宜。

6. 房子的周边因素

房子周边如果有高大的建筑物遮挡或者房子正处于一个凹槽内，则房子的采光会受到影响。买房的时候，要仔细观察房屋的周边环境及那些可能影响采光的因素。

第五节
住宅买哪一层最好

1. 消防电源

楼梯间、消防电梯间及其前室、合用前室和避难层（间）设置应急照明和疏散指示标志，可采用蓄电池做备用电源，且连续供电时间不应少于20分钟；高度超过100m的高层建筑连续供电时间不应少于30分钟。

2. 向开发商咨询楼层供水、水压、供电、应急电源等多方面情况

一般高层住宅在顶层都建有水箱，先将水抽到顶层再往下供，使高层住户不会因压力不足用不上水；应急发电机组的配置也很重要，保证市内停电时，电梯也能暂时运行。

3. 高层住宅的物业管理不能忽视，尤其是监控保安措施

大楼底层是否设置值班警卫室，是否有保安在楼内巡视，以及紧急情况下人员疏散安全等问题。

4. 注意整幢楼的总户数与电梯数量，电梯的质量与运行速度也很重要

一般情况下，24层以上住宅应做到1梯2户或2梯4户。

5. 在对高层住宅的安全性确认以后，再考虑户型、朝向、通风等居住要素

电梯房几层最好，电梯房楼层选择要充分考虑入住后的舒适程度，关键是要让自己住得舒服、满意。其次，住宅密度和观景非常重要。高层品质如何，密度是关键，密度越低，居住品质越高；在低密度的基础上，还要注意观察景观，尤其是在挑选顶层或较高楼层时，不仅要特别注意朝向景观，还要考虑周边地区未来规划。

6. 电梯

住宅层数在12层以上，18层以下，电梯不应少于两台，其中必须有一台兼具消防电梯功能；纯住宅功能层楼在19层以上，33层以下，服务总户数在150户至270户之间者，电梯不应少于3台，其中必须有一台兼具消防电梯功能。

7. 电梯楼一般以顶层的下一层价格最高

（如总楼层是30层，则29层的单位是同一户型不同楼层中最高售价的），越往下价格越低。同样价格下尽量选高楼层的。

最佳楼层——大楼的3/1~3/2之间处，以21层的大楼为例，它的最佳楼层是7~14层之间。这里无论是采光还是空气都不错，如果是景观楼观景的效果也很好；这样一个高度人站在阳台上也不会有眩晕的感觉，对于中年和青年人都很适合；这个高度离地面有一定距离，受马路上噪声的影响也不大。即使电梯坏了，住户跑十几层楼也不是问题。

从人体健康角度看，高度越高，空气越稀薄，一般是指30m以上。而某些疾病的病患者是不适宜居住高楼层的，如心脏病、心脑血管、慢性气管炎等病患者。

从后期费用看，现在的高层电梯费用一般从3层开始的，每往上增加一层就相对应地增约3元的电梯费用。同时，电梯是有寿命期限，后期更换电梯的费用

支付也是一个问题。另外，越高楼层排水设施与普通住宅是不一样的，相对应的费用也是不同的。所以30层以上的楼层须谨慎选择。

从空气质量角度看，生态学家研究表明，8～11层是环境学上的扬灰层。高层建筑周围气流会有"峡谷效应"作用，容易干扰建筑楼附近的住宅，而这个高度，大约在30m左右。

从采光角度看，选择3层以下的，要考虑的能否保证有效日照，是否达到"冬至日有效日照不少于1小时"的规范要求。

从噪声、污染角度看，低层受到噪声、污染的影响比较大。例如汽车噪声、通风口噪声、空气污染等低层都会受到一定的影响。

第六节
选购复式住宅有哪些讲究？

复式结构的住宅看起来比较高档，设计更加个性，在挑选此类房屋的时候应该注意其设计情况。

1. 看功能区间分配是否清晰

一般说，复式住宅由于上、下层自然分区间隔，往往下层安排公共区间，如客厅、餐厅、客人卧室、厨房等；上层则安排主人卧房。这主要考虑主、客分区，使主人活动区间保持一定私密性。

2. 看房屋立面设计是否合理

主要是考虑室内楼梯的位置，不能占去太多的空间，也不能破坏室内整体性，同时便于以后装饰布置。一般室内楼梯都靠近墙边，离客厅、餐厅比较近，楼梯下部空间尽量不占主要空间，如装饰后设计成的储物空间不会太影响整体布局。

另外，对于上层空间来说，如果居室处于顶层，很多情况下都设计成坡屋顶，购房时一定要看清楚坡屋顶较低点的净高，尽量避免弯腰、碰头的现象发生。

3. 看卫生间的安置是否方便

有些设计在复式上层没有卫生间，在使用时就会出现一些不便。另外，如复式住宅面积较大，应考虑单独设置主卧独立卫生间与客人卫生间。

4. 挑选时要看有没有露台

一般顶层复式住宅要带有比较大的露台，初期销售的时候是赠送的，要是进行二手房买卖可以适当地进行砍价。如果顶层有类似的大露台，又有较好的景观，在装修时稍加改装，就可将顶层改造成为一间暖室；有些采取坡顶式的复式住宅，在顶层可以搭建一个阁楼；有些复式住宅其坡顶较低点比较高，能有2m左右，这样就等于花了双层的房价，买了3层的面积。这样算下来，购房者在价格方面就会相当划算。

第七节
装修新家，应该买多少建材

装修是一个很麻烦的事情，从设计到施工，需要太多的精力。虽然可以承包给装修公司，又怕吃亏，被坑。了解一些常规数据，是非常有必要的。

1. 腻子粉/墙漆用多少？

房屋实用面积（不是建筑面积）乘以3再除以每袋腻子粉可涂刷面积。

比如，房屋建筑面积是92m²，实际使用面积是76.38m²。打算买德高腻子粉，每袋20kg可涂刷面积8～10m²。依据上面公式：76.38×3÷8（取最小可涂刷面积）＝29袋，我们取整数。这就是刮一遍腻子所需要的数量。当然，大多数厨卫都是需要贴砖的，那就用下面这个公式：

（使用面积–厨卫面积）×3÷每袋面积

（建筑面积–厨卫面积）×2.5÷每袋面积

墙漆的算法类似，面积不变，除以每桶可涂刷面积，再乘以需要涂刷几遍即可，一般都是3遍（2面1底）。

2. 瓷砖该买多少块?

首先说客厅铺砖，铺砖的面积需要准确测量，加入面积是23.67m²，铺贴规格是600mm×600mm的砖，计算公式如下:

1（先计算1m²所需要的数量）÷（0.6×0.6统一单位）×23.67（这里已经得出，所需66块砖）÷4（我们需要按箱计算，再除以每箱包装量）=17箱（所需总箱数，取整数）。计算到这里，就是实际需要数量，但是，我们通常在施工中会遇到瓷砖裁切毁坏的状况，这种情况下，我们就建议你在此基础上多买两箱，用不完可以退回去。

厨卫瓷砖铺贴数量需测量出墙面和地面的面积，然后按照上方的公式计算即可得出。比如，厨房墙面铺贴300mm×600mm的砖，地面铺贴400mm×400mm的砖。分开计算墙面所需要的数量为: 1÷（0.3×0.6）得出1m²需要6块砖，然后乘以墙面面积即可。在实际购买时，建议还是多购买两箱备用，原因同上。地面的计算方法也都类似，自己动手试试吧。

3. 水泥、沙子需要多少?

水泥和沙子在家装中都是必需品，需要记住水泥和沙子的比例为1:2.5，使用1t水泥，那就需要2.5t沙子。不过，水泥需要按袋计算，沙子需要按方计算。公式如下:

（1）贴地板砖每平方米所需水泥=18kg，沙=0.03m³。

（2）贴墙面砖每平方米所需水泥=15kg，沙=0.02m³。

比如，贴客厅地板砖，面积是23.67m²，乘以15kg水泥，得知大概需要355kg（8袋）。沙子需要0.47m³。

墙面砖铺贴，按照上面的公式计算即可，最后得出水泥和沙子所需要的数量，别忘了换算成袋（每袋水泥50kg）! 这里不再多说。

4. 水电改造怎么做预算?

水的改造通常不大，不过，现在有些人喜欢在阳台通水路，厨房格局变化，这个就拿个尺子，实际测量距离即可，水管距离墙壁50cm左右，走直线。电线需要穿管，测量方法是距离墙壁30cm左右，走直线，少拐弯，测量总闸到达需要安装插座的地方即可。电线按团计算，一团为100m（有的实际95m）。水管按根算，常用的PVC管出厂一般都是4m的，有的为了运输方便，切割成了2m一根，购买之前问清楚即可。通常水路6分管足够用（有4分管20mm，6分管25mm等）。这里要特别注意，水管区分冷水管和热水管，两者不同，购买时一定要注意看"壁厚"和"耐热单位"。家用的6分热水管，壁厚3.5mm，耐热范围在–30℃至110℃。

第十一章
买房须知
（二）

关于买房排号的套
路，你知道多少

不符购房条件，购房人
规避政策买房，违约责
任谁担

购房中的善意
取得制度

转让不满五年
经济适用房合
同为何无效

第一节
关于买房排号的套路，你知道多少

在排号这种认购方法出现之前，对现房和准现房的认购一般采用先来先选的原始方法。这种方法对于购房者来说，可以不受干扰地自行选择住房，交房的时候也会减少纠纷。而对于这种做法来讲，开发商本身没有宣传点和相应的激励机制，盈利少，售房周期长。

排号最早出现在对经济适用房的认购中。因为经济适用房的价格低廉、同时需求量大，所以很多楼盘都采用了排号的认购方式，这种方式现在被越来越多的开发商所采用。为什么现在的开发商对排号购房这么乐此不疲呢？这里面又有什么套路？

1. 试探购房者的心理承受价格

现在楼盘销售人员一般会这么讲："现在的楼盘价格预计是××××，您可以先来排号，价格确定了，我们会正式通知您。"据业内人士的说法，这种说辞就是一个"投石问路"的手段。因为开发商在开盘前是不敢随意定价的，低了会使得自己的利润降低，高了消费者也不会买账，所以采取这种预计价格的说法，通过排号来测试消费者的接受度，然后对价格做出相应的调整。

2. 控制房源营造热销场面

一般来讲，开发商是通过排号情况来决定开盘推出的套数和推盘的节奏的，通过这种手法来营造一种热销的场面。但是实际上，很多人反映，排号的人数远远多于实际推出的房源数。

比如说某个项目，3月份开盘预计推出的房源仅300套，但是目前就已经有800多人排号。一位知道行情的购房者说，在"人多房少"的情况下，开发商都是摇号卖房，摇到号的像是中了彩。房子销售自然就火爆，因为大家都很紧张，以为很多人抢房子，怕买不到。实际上，这只是开发商所用的一种营销手段。

3. VIP排号其实会变相抬高房价

根据某楼盘销售经理介绍，开发商所放出的VIP排号，其实就是迷雾。这种排号方式会制造恐慌，刺激消费者失去理智，消费者本身是丧失了选择权的。因为消费者一旦交了排号费，就等于单方面做出了购买承诺，但这一承诺并不能换来开发商对等的回应。

开发商可以拖延开盘时间，可以把房子卖给第三方，甚至可以抬高房价，把一些好的房源留到最后卖。原来计划8800元/m²的房子，可能因为排号的人多，就卖到9800元/m²。即便前期有排号时的优惠，比如两万元当三万元甚至四万元抵房款，其实算下来还是开发商挣大头。

排号买房可以解决买房时的秩序问题，但是无形中也隐藏了很多陷阱等着购房者去跳。因此，购房者在排号时一定要仔细了解好楼盘信息，同时多比较其他楼盘，然后做出合理的判断，不要盲目跟风以致掉进坑里还不自知。

第二节
不符购房条件，购房人规避政策买房，违约责任谁担

案情

2016年5月，肖女士夫妇与张某签订了网签版的《房地产买卖合同》及《补充协议》，向张某购买本市的某套房屋。双方约定在2016年5月20日前支付95万元、于2016年7月30日前支付100万元，在2016年9月30日办理过户手续，余款以贷款方式支付；逾期付款超过15天的，张某可以解除合同。

其实，网签合同签订时，肖女士夫妇的社保缴纳时间离限购政策规定的"连续满60个月"还差两个月，但肖女士夫妇还是贸然签下了合同，并在《补充协议》中精心设计了一个"特殊条款"：若系争房屋交易期间乙方婚姻状态发生变

化，甲方同意配合乙方变更系争房屋网上备案版买卖合同的网上签订时间并签订新版《房地产买卖合同》，以便交易流程正常进行，但肖女士夫妇并未将其社保缴纳期限未满的情况告知张先生。

上述合同签订后，肖女士夫妇按约向张先生支付了首付款95万元，并着手实施预定计划：2016年7月27日，肖女士夫妇在民政局办理了离婚手续，7月28日致函张某，告知张某其已于7月27日离婚、暂时丧失购房资格的情况，承诺于2016年8月30日前恢复购房资格。后肖女士又于8月1日委托律师向张某发出《律师函》，称本应于7月30日前支付的100万元购房款，由于婚姻状态发生了变化，故决定暂缓支付，其已将该100万元汇入律师事务所进行资金监管。8月3日，肖女士夫妇重新登记结婚。8月8日，肖女士夫妇再次委托律师向张某发出《律师函》，要求按照补充合同的约定，重新网签合同。

事情至此，肖女士夫妇的计划终于真相大白：原来，肖女士夫妇是想通过离婚再结婚并重新签订网签版房屋买卖合同的方式，以此补足其真实购房时社保缴纳期限不足的时间，以实现其规避限购政策的目的！

但张先生在得知肖女士夫妇离婚的消息后却大吃一惊！张先生出售房屋是为了置换学区房，经中介居间认识了肖女士夫妇，得知彼此是同乡后，沟通也更为顺畅。张先生一直希望能早点过户，以便获得购房资格后去购买学区房。在谈合同时，其便要求最好是在8月前过户，肖女士夫妇满口答应，并说合同约定的9月30日过户是随便写写的，能提前就尽量提前。但之后，虽然张先生一直催促，肖女士夫妇却以种种理由推脱，要求将过户时间延后到9月。张先生至此对提前过户已不抱希望，只求能顺利履约，不影响其置换计划就好。

谁知在这个节骨眼上，肖女士夫妇却离婚了！张先生这下可傻了眼：两人都是外地户籍，非已婚人士将不能购房，所以合同约定的过户时间可能都实现不了！虽然之后肖女士夫妇马上又复婚，但却又以必须重新签订网签版买卖合同为由，拒绝支付应当在7月30日前就支付的100万元，还将该笔款项交给其根本就不知晓的律师事务所进行资金监管！再想到肖女士夫妇向其隐瞒签约时社保缴纳期限不满的事实，张先生气愤不过，在催款几次但肖女士夫妇仍然不愿支付后，张先生于8月16日向肖女士夫妇发出解除函，称肖女士夫妇已经逾期15日支付购房款，按照合同约定，其有权解除合同，故告知肖女士夫妇合同解除，并要求肖女士夫妇按照合同约定承担违约金50万元。

双方协商无果，肖女士夫妇先诉至法院，要求判令张先生继续履行合同；张先生也提起反诉，要求解除合同并承担违约金。

法院经审理后认为，首先，肖女士夫妇在缔约时隐瞒其尚属于限购的事实，并意图通过在《补偿协议》中约定"婚姻状况发生变化后甲方需配合其重新签订网签版的《房地产买卖合同》"条款，以及在合同签订后随即离婚又结婚的行为，来达到规避本市限购政策的目的，本身目的已经不正当。其次，肖女士夫妇这一"离婚又结婚"的过程，是否属于合同约定的"婚姻状况发生变化"，张先生在这种情况下是否负有与肖女士夫妇重新签订网签版房地产买卖合同的义务，本身即存有疑问。

最后，在这种情况下，肖女士未能履行合同约定的付款义务，在7月30日前向张先生支付第二期购房款100万元。肖女士夫妇未经张先生同意将该100万元支付至律师事务所进行所谓的资金监管，不能视为已经履行了支付第二期购房款100万元的义务。现肖女士夫妇逾期付款超过15天，张先生按照合同约定享有合同解除权，故张先生要求解除合同的诉求合法有据，法院予以支持。同时，根据本案的实际情况，兼顾合同履行情况及肖女士夫妇的过错程度，以及预期利益等因素，酌情确定肖女士夫妇支付张先生违约金8万元。

2016年3月25日，上海出台了《关于进一步完善本市住房市场体系和保障体系促进房地产市场平稳健康发展的若干意见》（以下简称《若干意见》），《若干意见》要求从严执行住房限购政策。提高非市区户籍居民家庭购房缴纳个人所得税或社保年限，从自购房之日算起的前3年内在本市累计缴纳2年以上，调整为自购房之日前连续缴纳满5年及以上。而本案购房人明知其在本市不符合购房条件，向出卖方隐瞒了其被限购的事实，仍与出卖方签订《房地产买卖合同》，其行为明显违背了诚实信用原则。随后，在合同履行过程中，购房人在符合购房政策后，不是积极与出卖方协商进行弥补，反而自作聪明离婚又复婚，要求出卖方"按约"与其重新网签，又将应付房款付至了某律所账户，导致合同约定的解除权成就。因此，购房人在签订房屋买卖合同时，应充分审查自身是否符合购房资格，向出卖方言明情况，达成合意，否则要承担相应的违约责任。

第三节
购房中的善意取得制度

【买公证委托的房产时必学的法律知识】

每个交易的风险系数都不一样，产权人为多人，且部分产权人不出现的交易，风险系数相对高一些；当遇到这种情况，有哪些特殊防范措施可以帮你避免不必要的麻烦和风险呢？请看接下来的案例：

沈小姐拿着丈夫委托自己售房的公证书，把房子卖给了小陈夫妇，不料过户一年后，沈小姐的丈夫将小陈夫妇告上法庭，要求返还房屋，究竟发生了什么事情呢？沈小姐持《公证委托书》将自己和丈夫名下的一套共有房产挂牌出售，不久遇到有缘人：小陈夫妇。房好、人好、价格好，很快交易就顺利结束。

小陈夫妇拿着写有自己名字的新房产证开开心心地搬进新居。

入住一年后，神秘老公出现，主张合同无效。

小陈夫妇已经入住一年后，忽然收到法院传票，原告是沈小姐所说的"经常出差"的神秘老公。

买方不服，提起上诉，法院竟然判决合同无效，这就意味着小陈夫妇面临无家可归，把房子返还这个神秘丈夫的窘境。小陈夫妇当然不甘心，于是提起上诉，要求改判的理由就是：善意取得。

善意取得制度：简单理解就是"谁善意、谁取得"，一般发生在无权代理的交易中。

他说："我没授权，我不卖，房子拿回来。"

你说："我善意，我就不还。"

只要你能证明自己取得房子的整个过程，都是善意的，没有过错的，那么就算他真的是被老婆骗，他的签名的确是假的，公证委托书的确被撤销了……

房子还是你的！

怎么证明这个"善意"？法律给出了明确的标准：

（1）有理由相信（夫妻关系存续、有委托书）。

（2）已支付合理对价（不过分低于市场价）。

（3）已经转移产权（已过户）。

第四节
转让不满五年经济适用房合同为何无效

经济适用房及其管理秩序关涉社会公共利益，允许购买不满五年的经济适用房转让将严重损害中低收入家庭住房利益。认定转让合同无效实质是合理限制契约自由，对合同无效规则进行价值补充和漏洞弥补。

经济适用房的价格往往低于市场价，但是也有交易年限等政策限制。上海市浦东新区人民法院审理过一起案件，认定未满年限的经济适用房买卖合同无效，卖家归还购房款及利息。

> **案件**
>
> 上海市民马先生与老伴想要改善一下居住条件。2016年初，老两口看中了位于浦东新区林展路的一套80多 m^2 的房子，售价195万元。2016年1月，通过房产中介提供服务，老两口向卖家支付了房屋首付款136.5万元。

但一个月后，马先生看了房产证后发现，买家的房子是经济适用房，5年内不得出售转让，他认为卖方隐瞒了重大事项。因此，马先生和老伴向浦东新区人民法院起诉，请求确认房屋买卖合同无效，要求卖家返还购房款136.5万元及利息。

法院查明：涉诉房产确为经济适用房，且房产证未满5年。按照相关合同，卖家取得的经济适用房为有限产权，5年内不得转让或出租。5年后上市交易，房屋所有人也只能获得转让所得房款的60%。但卖家取得房产证不到20个月，就将该房产挂牌交易了。

法院认为：经济适用房是指政府提供政策优惠，按照有关标准建设，限定套型面积、销售价格，面向城镇中低收入住房困难家庭供应的具有保障性质的政策性住房，经济适用房的房地产权利人拥有有限产权。现原、被告签订的房屋买卖合同，损害了国家及第三人的利益，应属无效。根据《民法典》，合同无效后，基于该合同取得的财产应当予以返还。

律师说法：经济适用房作为列入国家计划，由政府组织房地产开发企业或者集资建房单位建造，以保本微利价出售的住房，是国家在房价较高、住房结构性矛盾突出的形势下，为解决城镇中低收入家庭住房困难做出的政策性安排。鉴于此类房屋的特殊性质，国家及地方政府对其建设、购买、使用、交易均有严格的管理制度。实践中，个别购房人购买不满五年即转让给他人，其转让合同效力如何，存在两种不同观点：

一种观点认为应区分负担行为和处分行为，另一种观点认为转让合同无效。后一种观点更为合理。

1. 经济适用房及其管理秩序涉及社会公共利益

社会公共利益是社会全体或者部分成员共同的、整体的利益，凝结着社会公众追求的价值目标，同时也包括促进社会整体发展的因素，如诚信、公益、公平、秩序和稳定等。经济适用房是政府提供政策优惠，限定套型面积、销售价格或租金标准的政策性住房，其公共利益属性主要体现在：

一是购房人资格关涉特定群体公共性利益。申请购买经济适用房具有严格限制条件，购房人的住房面积必须低于规定限额，可支配收入和财产低于规定限额。只有符合特定限制条件的家庭才能进入轮候名册。

二是经济适用房性质关涉社会公共利益。经济适用房由国家出资享有一定比例的所有权，但完全让渡了房屋的占有和使用权。由于国家免除了土地使用费，经济适用房比同地段、同类型的商品房价格显著偏低。故由国家财政投入解决住房困难家庭的房屋具有公共福利性。

三是经济适用房处分关涉社会公共利益。购房人作为房屋共有人，在处分经济适用房时受到政策限制，如上市交易年限、政府优先回购等。限制经济适用房擅自处分，旨在防止房源流入不具备购房资格的人手中，或投机赚取中间差价，损害其他轮候购房者群体利益。

2. 购买经济适用房不满五年即转让损害社会公共利益

之所以应当认定购买经济适用房不满五年转让合同无效，是因为当事人从事的私行为关涉社会公共利益的保护，当事人不得逾越合同自由与社会公共利益的价值边界，以维护整体法律秩序。五年内擅自转让经济适用房，一是损害公共福利。二是损害不特定困难家庭利益。三是损害了公共财政利益。经济适用房出售时，减免了土地费用，与此对应，购房者取得的权利也应受到限制。取得房地产权证未满五年，确因特殊情况需要转让经济适用房的，应向原住房保障机构提出申请，经审核同意后，由原住房保障机构予以回购，回购价格为原销售价格加同期银行存款利息。对于擅自转让的行为，除认定合同无效外，行政主管部门还应有其他处理措施。

第五节
退休人员是否可以申请按揭购房

在商品房价格居高不下的今天，办理按揭贷款是许多购房者的首选。在按揭购房审核中重点审查借款申请人本身的资质，是否有良好的征信记录，是否有稳定真实的收入，甚至工作单位、学历学位都是审批人员综合考量借款申请人资质的参考因素。在办理按揭贷款的人群中，存在这样一群特殊客户，已经退休，那么在这种情形下是否还能正常申请购房按揭贷款呢？

1. 年龄

退休人员申请按揭购房遭遇的第一个硬性门槛就是年龄限制。就各大行的按揭贷款申请条件上来看，贷款办理年份一般不超过借款申请人的60岁（含60岁），贷款结清年份不能超过借款申请人的69岁。如果退休客户年龄超出60岁，信贷经理通常情形下都会拒绝该客户的贷款申请。

2. 收入

退休人员申请按揭购房的第二个门槛就是收入证明。因为已经退休，许多客户的收入只有退休金一项，甚至有的退休单位拒绝为已经退休人员开具收入证明。首先，许多银行在接收收入证明时不认可退休金的收入证明，其次，如果通过借款申请人的流水可以确认其每月有稳定的收入，信贷经理通常会要求客户开具一个类似兼职收入的收入证明印证流水即可。

3. 增加保证人或共借人

在其他条件满足而收入不足的情况下，已经退休的客户可以选择增加自己的子女作为保证人或者共借人，通常子女的加入会极大地提高该笔贷款申请的成功率。

综上，退休人员申请购房按揭贷款时，只要年龄不超标，收入证明符合规定，就可以正常办理按揭业务，并没有其他特别限制。

在购房按揭贷款申请过程中已经退休的客户有以下几点需要特别注意：

1. 流水

无论是否是退休客户，银行目前对于收入流水的审查都非常严格，有的银行要求流水上标记有工资奖金字样才能认定为收入，甚至会特别关注每月收入的进账稳定性、转出时间、消费情况，综合判断流水的真实性以便进而评估客户的真实经济实力。有的客户流水中存在进账即时转出、打款单位变更频繁、收入数额整齐等疑点，信贷经理会要求解释，比如说明某笔大额进账的来源等。不论何种情况，实话实说都是最好的选择，信贷经理一旦对客户的资质形成基本确认，他也非常希望能够促成该笔贷款的申请，这时就需要客户同样坦诚理解，积极配合。

2. 收入证明

如果有了符合条件的流水，开具收入证明更多需要关注的就是形式条件了。有的退休单位不能为退休人员开具收入证明或者开具的收入证明上明确表示其收入为退休金收入，信贷经理出于审批标准的限制往往不能接受没有收入证明或者标记了退休金的收入证明。客户在这种情况下可以考虑在保证收入真实的情况下通过其他单位开具一份对应的收入证明提交，满足按揭贷款审批的形式要求。

3. 积极沟通

就信贷经理办理按揭业务而言，已经退休的客户确实不属于最优客户类型。

年龄普遍较大，收入普遍不高，抗风险能力差，信贷风险较一般客户更大，甚至在某些房地产项目信贷经理会直接拒贷已经退休的客户。这时就需要客户积极与信贷经理进行沟通和争取，说明实际情况，配合信贷经理提出的审核要求，必要时增加子女作为保证人或共借人，提供借款申请人名下的房产证书、理财存款证明等证明自己经济实力的资信证明，信贷经理对于资信有保证的客户就不会轻易直接拒绝申请了。

第六节
什么样的户型才是好户型

　　在攒到首付的钱后，大家是开心的，在看到户型图的时候，大家是懵的。玄关？干湿？朝向？承重墙？这都是什么？户型，绝对是影响你日后家居体验最重要的一点，也是你在买房的时候，最先要了解的东西。户型都不会挑，你还买什么房？

　　好的，那么问题来了，什么样的户型才是好户型？

　　1. 首先是户型图的简单标识？具体看图解

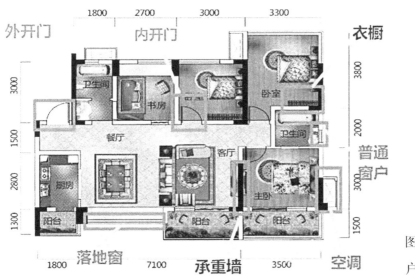

图11-1
户型图

有两点大家注意：

（1）承重墙什么时候都不能动！不管是装修还是干什么！不能动！

（2）看户型面积时要以原始图上显示的每个房间的面积为准，否则面积可能存在出入。

2. 房屋什么朝向好

一般户型图的方位都是上北下南左西右东，关于朝向问题，最重要的一点就是向阳，没谁喜欢阴森森的房间。所以朝向优劣顺序如下：正南＞东南＞东＞西南＞北和西。尤其卧室，最好是双卧朝南，不然照不到阳光对身体不好。

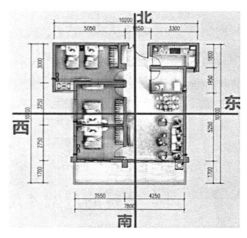

图11-2 户型图的方位

3. 户型要方正

方正的户型不仅能够提高房屋面积的利用率，避免不必要的空间浪费。而且在装修的时候也有利于摆放家具和装饰，相对来讲美观度提高。同时，在居住环境艺术上，不方正的户型一直都有不吉利的说法（例如缺角的户型会让户主破财）。

图11-3 方正的户型

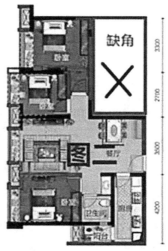

图11-4 缺角的户型

174

4. 南北通透很重要

所谓真正的南北通透是指贯穿客厅南北有窗户能保证空气对流的（见图11-5）。这里有一个假南北通透的观点，就是窗户开在卧室里面。谁家卧室的门是要经常打开的？个人隐私很重要的！

5. 干湿区、动静区分布要合理

这个没法单纯讲，给大家上个户型图详解一下（见图11-6）。这个图户型即是动静分区不明显，干湿分区不合理。

（1）过道开到客厅中间，客厅的吵闹声很容易影响到卧室里的人。这种情况经常在小户型中出现。

图11-5 南北通透的户型

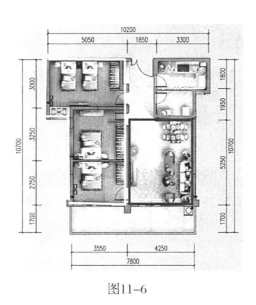

图11-6

（2）主次卧门开的位置，完全没隐私性可言，无论是经过客厅、餐厅还是去卫生间，都能看见其中一个卧室的情况。

（3）卫生间在中间位置，不利于浊气散发，也会影响到静区的干爽卫生。

所以关于户型中动静区和干湿区的分化一定要明显！不然湿气影响干区，动区影响静区，居住舒适度大打折扣。同时客厅最好不要有通往卧室的门，不然客厅和卧室都没有独立性可言。

最后还有几个小点大家注意下：

（1）户型过道不宜太宽，面积过大易造成空间的浪费。

（2）2个阳台算是最佳配置，一个用于生活，一个用于景观休闲。

（3）玄关其实是必不可少的空间。不仅可增强房子的隐私性，还能用来放置鞋柜等。

（4）厨房最好挨着餐厅，厨房外最好有生活阳台。

（5）客厅最好是朝南，最次西或北。

（6）主卧并不是越大越好，主卧大必定别的使用空间就小，通常大主卧在 $25 \sim 30m^2$ 最合适的，小户型主卧在 $13 \sim 15m^2$ 之间较合适。

第七节
房产共有人可以要求合同无效并取回已售房产吗

我们都知道，如果有共有房产出售，须获得房产共有人的同意，但是如果房屋已经卖给第三人，那么共有人可以要求合同无效并取回房产么？

> **案例：**
>
> 王某和张某为夫妻关系，二人共同出资购买商品房一套，产权登记在王某名下，后因感情不和准备离婚，但二人共同财产尚未分割，此时王某与毫不知情的李某签订合同并办理了房屋过户手续。后张某在与王某进行离婚财产分割时发现此事，遂向法院起诉，要求判令该房屋交易行为无效。

分析：

我们看到在这个案例中涉及《民法典》中的共同共有财产的处分制度以及不动产善意取得制度。

一、共有财产的转让

《民法典》第三百零一条规定：处分共有的不动产或者动产以及对共有的不动产或者动产作重大修缮、变更性质或者用途的，应当经占份额三分之二以上的按份共有人或者全体共同有人同意，但是共有人之间另有约定的除外。在案例中王某转让夫妻共同共有的房屋时未经张某同意，因此属于无权处分，基于此张某可以主张转让行为无效。但是，房屋已经交易给李某，张某可以取回吗？这里就要了解不动产善意取得制度。

二、关于善意第三人

首先我们要明白一个概念：善意取得。一般情况下，不动产受让人如果从无处分权人处购得不动产，所有权人是有权追回的，但在符合法律规定的特别要件的情况下，善意受让人却可以对抗所有权人而不必返还房屋。那么什么情况是属于法律所指的特别要件呢？

（1）受让方受让时为善意。通俗地讲就是受让时不知情，从案例中我们得知作为第三人的李某在房屋交易过程中并不知道该房产属于王某及张某共有。

（2）以合理的价格转让。如果成交价格明显低于市场价位时，就有可能存在转移财产的嫌疑。

（3）已经办理实际过户登记。在案例中，我们可以看到张某发现此事时，王某与李某已经办理完过户手续。

那么，如果遇到第三方已经实际善意取得房屋所有权，房屋共有人该如何处理呢？

以本案例出发，张某可以基于共同共有权利主张房屋转让行为无效，但是无法要求善意第三人即李某返还房屋，而只能向王某索赔，李某最终获得房屋所有权。

提醒：

作为房屋共同所有人，张女士却无法要回共有房屋，这里给共同出资的夫妻和准夫妻们也提了个醒，在进行房屋产权登记时最好双方同时登记备案，以显示房屋为夫妻共同财产，这样可以杜绝夫妻一方恶意转让共同房产，造成另一方精神和财产的双重损失。

第十二章

看房看什么

第一节
影响房产估值的因素

现在大家基本是贷款买房，在二手房交易中房屋评估占据着重要的地位，因价格谈不拢买卖双方难以交易的事例不在少数，那么房产估值会受到什么因素的影响呢？评估价为什么经常比成交价低？评估价越高越好吗？以下笔者将围绕这些问题为大家一一解答。

一、在二手房交易中，什么时候需要评估？

1. 向银行申请房贷

办理住房按揭贷款是银行会委托评估公司或担保公司进行评估，又或者按照房管局的评估。

2. 缴纳二手房交易税费

为避免买卖双方签订阴阳合同避税，相关部门会对交易房产进行评估。因此进行评估是二手房买卖交易的必经环节。

二、评估价如何影响房贷额度？

首付款＝实际成交价−贷款额

（购买二手房时，贷款额＝房屋评估价×贷款成数）

这意味着贷款额度与房屋评估价挂钩。

举个例子：小明购买一套100万元的二手房，评估价为90万元，那么贷款额度最高能贷到评估价的7成。也就是说其可贷款额度为：90万×70%＝63万元，其首付款则为：100万−63万＝37万元。

三、房产估值会受到什么因素的影响呢？

根据房屋原购买价格、房屋现状、周边交易情况等因素综合得出的评估价格，房龄、户型、楼层、装修、配套等因素亦会对评估价有所影响。

楼龄：

在买房的时候，建议不要选择房龄过老的房屋，房屋自修建完毕后，就进入了折旧期。银行对二手房进行评估时，会考虑房屋的折旧率，通常按每年折旧2%计算。

$$旧房价格＝造价–年折旧费×已使用年限$$
$$折旧费＝（造价–残值）/折旧年限$$

举个例子：

一套已使用20年2万元/m^2的50m^2的"老破小"，总价100万元，按每年折旧2%，折旧年限为50年。

年折旧费＝［100×（1–2%）］/50＝1.96万元

旧房价格＝100–1.96×20＝60.8万元（未考虑其他因素的情况下）

在广州，框架结构首付最低3成，混合结构首付最低只能做到4成。

（1）户型：

形状不规则、功能不全、套型过小或过大，一般–5%～–10%。

（2）楼层：

顶层：–5%，次顶层&次低层：–3%，中间层：＋3%。

如果底层带有户外花园、顶层带阁楼，价格可能更高些。

（3）朝向：

价格影响最高＋8%，朝向好：＋3%～8%，朝向不佳：–2%～–5%。

（4）物业：

价格影响最低–5%。无物业管理：–5%，非独立封闭小区：–5%。

（5）位置：

价格影响幅度：–15%～＋15%，临街：–15%，环境幽静：＋15%，重点学区：＋15%。

（6）配套：

交通、商铺、公共设施因素不完善：–5%～＋15%，小区的周边环境，优良小区内部、外部环境对价格影响：＋2%～＋5%，反之，–3%～–5%。

（7）供求关系：

区域内较抢手，适当提高5%。

四、评估价为什么经常比成交价低?

银行考虑自己要承担的风险，所以通常评估价就会比正常交易价保守，所以评估价比成交价低一些。一般为市场价的80%～90%。商业贷款的评估值一般能到市场价格的80%～90%左右，公积金贷款的评估值一般能到市场价的80%～85%左右。

五、评估价越高就越好?

评估价影响贷款的额度和税费的多少。缴纳的交易税费如增值税、契税、个税等，都是在评估价的基础上，乘以对应的比例。简单地说，评估价越高，缴纳的税费也越多。评估价低，意味着缴纳的税费少。

贷款的额度恰恰相反，二手房的评估价格越高，贷款的额度也就越大，实际支付的首付款就可以少一点。评估价低，贷款的额度小，首付款方面，需要多掏点现金。

小结：

评估价低：缴纳税费低，贷款额度小，首付款相应增加。

评估价高：缴纳税费高，贷款额度大，实际支付的首付款可以少一点。总的来说，评估价高低各有各的利弊，提前了解二手房的评估标准，才能做到心中有数，减少违约事故的发生。

第二节
买房的补充协议应该注意的事项

我们在签订购房合同时，为了维护合同双方的利益，通常会再签订一份补充协议，明确双方的权利和责任。如果发生纠纷，违约责任首先按照补充协议处理，如果补充协议中没有约定，那么就会按照合同处理。

补充协议中包括哪些内容？

1. 明确房屋权证办理的时间

房屋产权证的办理看似和开发商没关系，但是如果开发商资质不全，没有缴纳土地出让金等就会影响到购房者产权的办理，所以购房者在补充协议里应该要求开发商保证在规定的期限内履行自身义务，如果因为开发商的原因导致房屋产权证无法办理，应该要求开发商承担相应的责任。

2. 贷款办不来的责任约定

大多数购房者买房都会采用贷款的方式，但是可能会出现银行不同意对购房者进行放贷，或者公积金管理中心拒绝贷款的情况。如果出现这种情况，购房者应该约定因个人原因贷款办不成购房者可以变更付款方式或者要求退房。

3. 公摊建筑面积

公摊面积的大小直接影响到购房者实际使用房屋面积的大小。虽然法律法规对具体的面积计算做了规定，但是还是有个别开发商仍然把人防工程和其他与房屋面积无关的面积计算到公摊面积中。所以购房者应该在补充协议里对房屋的得房率进行约定，如果达不到标准，购房者可以选择退房，开发商承担违约责任。

4. 装修标准

购房者在看样板间的时候往往很满意，没有发现什么问题，但是实际入住后各种问题就会显现。因此购房者可以在补充协议上跟开发商进行具体约定，比如施工节点，在隐蔽工程覆盖之前，要求购房者到场查看并签字，签完字再进行覆盖，继续施工。还要注意明确装修材料的品牌，这样也会避免购房者与开发商发生纠纷。

5. 把开发商的承诺写进补充协议

我们在看房时，开发商会对购房者许下承诺，例如，这个房屋的周边配套齐全，具体有哪些，包括赠送面积等。这些都可以写进补充协议里，以维护自身的合法权益。

6. 物业管理问题

补充协议中应该对物业的责任和具体物业费标准进行约定。多数开发商会自已成立物业来管理小区。购房者容易把物业和开发商视为一体，但实际上他们是各自独立的法律主体，购房者和他们是不同的法律关系。

比如由于国家或者政府新出台的一些政策，导致合同不能继续履行。出现这样的情况时，应该提前约定好双方的责任，协商解决，以免发生纠纷。

第三节
验房攻略大全

问题一：开发商证书不全

购房者验房前应要求开发商出示《住宅质量保证书》《住宅使用说明书》和《竣工验收备案表》（简称"两书一表"），还有各种相关验收表格，如《住户验房交接表》《验收意见表》等。只有证件齐全了，才能签署入住单。

对策：购房人可选择不收房。如果确实被要求收房，也要在《住户验房交接表》、《验房记录表》等相关文件中写明"未见××文件"等字样，并妥善保留好相关文件副本。

问题二：建筑质量有毛病

对业主在验房时发现的毛病，如墙面或地砖破裂、漏水，甚至是房屋结构性问题，一些开发商总会想方设法不让业主将问题列进验收文件里。

对策：不管开发商陪同人员如何信誓旦旦，业主都应坚持原则，只要发现问题，无论大小，都要在相关文件或表格中记录下来。

问题三：配套承诺不兑现

验房时，对于小区的整体规划也要仔细查看是否符合合同约定，如同期建设的车库、会所、景观园林等，其中也包括整个小区的外墙面颜色与用材是否与开发商的售房承诺一致。

对策：签购房合同时应明确各有关细节，验楼时明确从配套设施到房内各项交付物指标的详细验收标准，同时最好附上设计图纸及施工图，并在合同中注明以其为准。

问题四：卫生间防水为"重灾区"

目前，有许多住房的卫生间、厨房等湿区防水高度不足，有的卫生间、厨房外墙防水高度没有达到30cm，淋浴房的防水高度也没有达到1.8m。

对策：整个卫生间应做"桶式"防水处理，做防水层要沿四周墙体上翻至少20～30cm。对于淋浴区墙体和靠室内的墙体处理，防水层高度要达到1.8m，靠室内的墙体最好进行满墙防水处理。

问题五：收房程序不利于购房者

先验房后缴费、签文件的收房程序是较合理的正常程序，但是，大多数开发商采取先缴钱填表、文件，再验房的收房程序，使购房者处于被动状态。

对策：将先验房再收房作为附加条款写在合同里，不验房就不收房。如当初合同未有约定的，则可在收房文件中注明"未验房"等，验房时如出现情况，也可与开发商讨说法。

第四节
精装房验房的时候需要"验"些什么

精装房验房的时候，尤其要注意对空气质量和安全性的检测，拿到国家认可的最权威检测机构的检测报告，另外，隐藏管线的位置要确认清楚，应当特别关注水管有没有接错，电路是否安全，卫生间测试是否漏水等细节问题。

细节一：空气质量检测

精装修的房子，室内的装修材料都是开发商选购的，购房者对于材料的质量无法把控。

装修房内的空气质量如果不达标，对入住的业主来说，就会存在一定的健康隐患。所以在验房时，首先要检验的就是室内的空气质量。

这里要注意的是，开发商一般会提供权威机构的室内环境监测报告，大家在看报告的时候，要注意有没有"CMA"标识，带有"CMA"的报告才是国家认可的最权威检测机构的检测报告，否则无效。

细节二：确认隐藏管线的位置

隐藏管线的位置重要吗？对于后期想要自己改造房子的业主来说，这点很重要。精装房水路的布管、电路的走向，还有功能性插座的位置，大家往往都不是很清楚，可以请专业人士陪同看房，以免后期给自己带来麻烦。

细节三：水路

普通的楼盘水路通常有三种：自来水、热水和中水。中水是非饮用水，是收集利用的雨水，一般用来冲马桶或浇花。消费者需要知道热水和中水是否具备，以及是否接错管道。还要检查水表的位置，应该在厨房或卫生间的出水口。另外，水管的材料与生活直接相关，要确定是国家指定的合格材料。如果水管材料太差，后期很容易漏水。最好的水管材料是铜管，德国原装进口的PPR管材也不错。

细节四：漏水测试

卫生间和厨房，需要进行漏水实验，检查下水情况是否通畅。

如果下水不通畅，意味着日后容易发生"水漫金山"，大家都不想让水把地板泡起来吧。

细节五：电路

电路是指插座的位置和匹配，电线的型号和最大耗电设备的容量。

这需要消费者向所在小区的物业管理公司或开发商索要基本的水、电等隐蔽工程布局的竣工图纸。在今后的使用过程中，如果出现短路、断水的情况，可以根据图纸的标注由专业人员进行维修。另外还要注意观察配电箱的漏电保护开关是否有照明；普通插座、大功率插座等有明确的分路，面板开关的安装是否平整，同时，还要测试开关是否有效。

细节六：**核实家电品牌**

如果配置里包括家电，需要对照一下家电的型号、品牌是否与合同上一致。如卫生洁具、灯具、厨房设备、家具五金、洁具五金，以及具备防盗、防火、隔音功能的多功能门等。除了品牌外，还需要明确设备的型号，有些与产地有关的设备还应明确产地。业主在验房时要与配置单一一对照，避免被劣质产品掉包，降低装修的档次。

购房者如果在收房时没有仔细核实，日后一旦出现纠纷，购房者将会处于弱势一方。精装房验房需要注意的事项比较多，一般来说，开发商会带着自己的验房师去给业主验房。

细节七：**微小细节处格外留意**

（1）墙漆：看看墙漆表面是否平整均匀。

（2）墙地砖：颜色一致。目测就可以，一般来说如果有很明显的问题，开发商在验收的时候就不会通过。用小锤敲击地砖和墙砖，如果有空洞的声音，说明瓷砖没铺好，时间久了可能会出现瓷砖开裂和脱落。空鼓率超过5%即可判为不合格。

（3）厨卫：实验水龙头的开关是否灵活有效，包括冲水马桶、淋浴房、面盆。另外，需要检查下水是否通畅，可以在现场往洗菜池、面盆、浴缸放满水，然后排出去，检查一下排水速度；检查马桶的下水时，则要反复多次地进行排水试验，看看排水效果。

（4）门窗：用手推拉开门，检查居室门开关是否顺畅，门锁合页是否灵活有效；室外门窗尤其是封闭阳台的门窗密封是否合格，开启是否灵活。

（5）暖气：消费者可以检测一下暖气，看管路是否畅通，温度是否达到标准，是否存在漏水现象。

（6）通风：测试排风口是否通风顺畅，厨房和卫生间还要测试回风阀是否有效。如果自己家的厨房总有别人家飘来的味道或卫生间有异味倒灌，可能就是回风阀失灵了。

第五节
房产证加名字流程及费用

房产证上加名字不只是在房产证上增加一个产权人的名字那么简单，从法律上来说，"加名"实质上是增加房屋的共有权人。根据自身情况不同，办理的流程也是不一样的。一般有以下三种情况：

第一种情况：有房无贷

办理流程：

（1）带好三证（结婚证、身份证、房产证）正本及复印件。

（2）去房屋所在地区的房地产交易中心，先在预检窗口告知是来办理房产证增加配偶姓名事宜的，窗口工作人员会审核提交的材料，如果材料齐全就给你们一个号码，然后凭号码去相关窗口办理。

（3）办理房产证上加名字所需费用：110元手续费，明细如下：80元工本费、25元地籍图费、5元贴花费，如顺利20天后可拿到新的房产证。

（4）新房产证可以设定密码，房地产交易中心会告知你一个初始密码，之后可自行更改。

第二种情况：有房有贷

办理流程：

（1）先去银行办理抵押变更手续（具体事宜请咨询各银行）。

（2）办理房产证上加名字所需费用：除支付上述110元手续费外，如贷款是纯公积金的，还需另外支付100元；如贷款是组合形式的（公积金＋商业贷款），还需另外支付200元。

（3）其他步骤同"有房无贷"。

第三种情况：未婚或无直系血源，加名字，那将视为房屋买卖。

办理流程：

（1）每平方米2.5元交易费。

（2）不满5年，应交5.5%的营业税加1%个调税（时间段从产证发证日期到交易日未止），满5年则不需要。

（3）万分之5的印花税。

（4）4本合同，每本约5元（各区交易中心不一样）。

（5）男方转让50%，所有的税按市场价格计算，如果100万元的房子记税值就是50万元。

（6）房产证上有几人转让的，房产证权益按平均分。

注：具体费用以实际为准，文中金额仅供参考

第六节
买房要注意看梯户比

几梯几户也就是所谓梯户比，就是电梯数与每层住户之间的比例。最常见的

2梯4户，就是一栋楼有2部电梯，每层有4户人家居住。

通常来说，梯户比分为三个档次：

低梯户比：1梯1户，1梯2户，2梯2户等，一般是别墅、洋房、小高层。

一般梯户比：2梯4户，2梯6户，3梯8户等，一般是高层。

高梯户比：3梯10户，4梯12户等，一般是商住房。

以电梯和户数为评判标准，根据居住的舒适度来说，梯户比越高，居住舒适度越低。那么，高梯户比对生活居住到底有什么影响呢？

高梯户比的不便之处：

1. 公摊大

梯户比和公摊密切相关。在住户、层数均相同的情况下，电梯的数量越多，公摊面积就越大，因为每一部电梯的电梯井都要占用楼层的面积，是公摊的一部分。公摊面积大，自家房屋被占用的面积就越多，实际面积就越小，居住舒适度也会随之大大降低。

2. 私密性差

所谓私密性就是越少被打扰越好。1梯1户和4梯12户相比，显然前者的私密性被保障得更好。这就是高梯户比带来的不便之处。

3. 通风采光差

购房时，建议大家一定要看楼栋的平面图，原因就在于梯户比不会影响房子的户型，但会影响楼栋整体结构和户型布局。单看一个户型很完美，但是如果放在一层楼，整体来看，可能先前采光佳的房间就会变成暗卧。这就是不关注梯户比的后果。一层楼分布的户数越多，户型设计的不同加上公共设施占地，个别房间的采光和通风就无法保证。梯户比越高，通风采光受阻的可能性就越大。

4. 等待电梯时间长

这个问题大概是所有上班族头疼的问题了，平日里出门逛街买菜可能没什么影响，但是一旦遇到上下班高峰的时期，为了回趟家或者下楼赶紧去上班，等上一二十分钟电梯，谁受得了。住的人越多，等电梯的时间就越长，耽误的时间就更难以预估，这就是高梯户比给上班族带来的苦恼。

第七节
买房怎么贷款合适

现如今贷款买房的人越来越多，但是很多人对房贷的基本常识都不太了解，今天为大家总结一下：

1. 贷款方式

巧利用公积金利率优势。期限5年以上，公积金贷款基准利率为3.25%，商业贷款基准利率为4.90%，公积金相对商业贷款利率更低，相同的条件下，意味着公积金支付的利息、每月月供会更少，更能节省购房成本。

另外，公积金贷款额度不够，可以选择组合贷款，组合贷款的最优组合原则，要做到公积金贷款尽可能多，商业贷款尽可能少。因为公积金贷款的利率远比商业性贷款要优惠，可以节省更多利息。所以利用好公积金贷款的利率优势是个省钱的好办法。

2. 还款方式

还款能力强的人可选择等额本金还款。房贷还款方式常见的有两种：等额本金和等额本息，等额本金前期还款压力较大，但随着时间的推移，房贷负担逐渐减轻；等额本息每月还款金额不变，但是总的来说要比等额本金还款多付不少利息，所以选择等额本金还款更能节省利息，不过等额本金还款法比较适合收入较高、还款能力强的人，购房人要根据自身经济状况做出选择。等额本息的优点在于，借款人可以准确掌握每月的还款额，有计划地安排家庭的收支；等额本金的还款方式比较适合于还款能力较强并希望在还款初期归还较大款项以此减少利息支出的人。

3. 贷款利率

选择利率最优惠的银行贷款。各家银行房贷利率优惠不同，选择利率最低的银行贷款，可以享受低利率带来的省息实惠。不过楼盘和中介推荐的银行利率不一定是最优惠的，购房者可以查询银行实时利率，自行选择贷款银行。

4. 贷款利息

适当考虑提前还贷。选择了等额本金还款法，房贷还了不到三分之一，等额本息还款法房贷还了不到二分之一，如果遇到央行升息，可以考虑提前还贷，也是一个省利息的方法。

每家银行提前还贷大致分为全部提前还款、部分提前还款两大类。全部提前还款法是最节省利息的方法，办理手续也最简单。但借款人选择这种方法也要量力而行，不能为全部提前还清银行债务而打乱其他资金计划。

第十三章

房地产
投资技巧

风控意识第一，投资
回报第二

买房买预期，不是买现在

好楼盘的三大
宏观要素

引 言

很多买房者，大致都存在许多共同的困惑，为什么我选的城市房价不涨？相同区位的房子，为何人家的二手卖价要比我高很多？为什么我的投资总是不成功？这就需要大家耐心一点，看完此篇文章，相信你在投资房地产过程中，存在的困惑或问题都能够得到妥善解决，以下讲解也必将起到豁然开朗，云开雾散的效果。

一、切忌买房买成房东

楼市告别黄金十年，买房就能赚钱的时代已经过去。在今天的房地产白银十年，分化成为楼市关键词，因此，除优质的长期持有的物业之外，纯投资物业必须短平快，切忌长期持有，3~5年为最佳投资周期，3年为最佳，最长不要超过5年就要套现。

首先，切忌买房买成房东。大家都听过这样一个笑话，叫人生三大悲，这三大悲就是买房买成了房东，炒股炒成了股东，找男朋友找成了老公。

为什么投资房产最重要的是变现呢？主要是基于以下两点，第一个就是中国的房地产市场现在已经进入了白银十年，关注房地产的人都知道，2000年到2012年的时候，被称为中国房地产市场的黄金十年，任何人只要投资房产都能够赚钱，因为房价处于一个稳定、快速的上升期。但时间进入2012年，楼市告别黄金十年，进入白银十年，市场环境出现重大变化，白银十年楼市投资依然可以赚钱。但是城市跟城市之间出现了巨大的分化，一二线城市房价还是突飞猛进，三四线城市的房价开始出现停滞不前，巨量的库存加之人口的减少，投资风险凸显。所以在楼市分化、市场前景不明的背景之下，快进快出是规避市场风险最好的策略。

第二个方面就是大家都知道，国内房地产投资行为很多时候实际上是投机，并非投资。因为中国的物业租金收益回报率非常的低，很多的投资物业都是依靠房价的快速上升，最后通过资产增值后，依靠变现来获取收益，而通过物业持有获得的租金收入的收益率非常低，国内年均收益率能够达到8%～10%，而国内尤其是一二线城市租金收益率不到5%。所以楼市出现分化，市场前景不明，然后国内房地产投资最主要的是依靠物业自身增值的背景之下，以笔者个人投资房地产的经验而言，白银十年房地产投资一定要坚持短周期理论，就是你买的这个物业不管是在哪个城市，最好五年之内就能够获得投资收益，然后转卖出去。最佳的投资周期是三年，最长不要超过五年，因为五年之后的这个市场，大家谁也不能预测是好还是坏。

我们只能做五年之内有把握的事情，所以在选择楼盘时，一是要选择现房或者准现房，这样房产证办理时间有保证，交易时间相应就得到了保障；二是投资楼盘的定位是刚需和改善型楼盘，未来不缺接盘者；三是要选择潜力地段，价格相对较低，短期内随着配套不断完善，房价上涨具备很强潜力的区域。所以第一个常识非常重要：切忌买房买成房东。

二、风控意识第一，投资回报第二

看人先看脸，看楼先看丑；先谈风险，再谈回报。投资一定要温和、理性，尊重常识。温和就是投资切忌贪婪，以平常心看待投资回报；理性就是在判断项目好坏、前景与趋势时尽可能首先考虑项目的不利因素，对未来价格上涨、租金的影响程度；而尊重常识就是任何投资都存在风险，世界上没有万无一失的投资。在风险可控的前提条件下，再考虑投资回报，据此选择的物业，未来的前景才是值得期待的。

第二个房地产投资常识是风险控制要放在第一位，楼市投资回报要放在第二位，投资人必须树立风控第一、回报第二的意识。大部分投资人在买房的过程当中都会犯一个常识性错误，即每次看楼盘时，只关心两点：一是这个楼盘每月能租多少钱；二是这个楼盘3～5年后价格能够上涨多少。关心这两点没有错，但在判断这两点之前，职业投资人首先会分析这个楼盘所蕴含的风险，对楼盘的缺点、弱项逐一了解，然后分析其对楼盘未来房价上涨、租金的影响。如果上述因素不是致命性的，不会对楼盘产生重大影响的，才会理性地判断楼盘未来租金和房价上涨，这样得出的结论才是靠谱和严谨的。

所以对于投资人来说，去售楼处，最好要实地考察楼盘现场，以及周边是否存在有不利于楼盘成长的因素。举个例子，如果楼盘周边存在高压线，距离医院不超过500m，小区门口有大型的菜市场或批发市场，这些因素都会影响居住品质，甚至对人体有害，这对楼盘未来的租金和房价上涨都有重大影响。

所以在房地产投资过程中，首先要考虑这个楼盘蕴含的风险，其次才可以考虑项目投资回报，那么如何控制楼市投资风险，经验告诉我们，投资时必须坚持温和、理性、尊重投资常识。对于楼市投资，必须做好以下两个方面：一是在投资的过程中切忌贪婪，比如在当前房地产市场中，存在不少的楼盘，他们打着低首付，十年包租，十年高投资回报的幌子，租金回报特别高，少的8%，高的甚至达到12%，然后吸引投资客进场。这样的物业投资者坚决不会去碰，因为天上没有白掉的馅饼，投资回报率这么高的项目，开发商为什么自己不持有呢？这钱为何会砸到你的头上，这个大坑一定不能去跳。二是对于中产家庭或普通白领来讲，投资房地产一定要考虑未来谁来接你的盘，所以我们在选择城市、选择项目时，我们要锁定的楼盘要么是刚需盘，要么是改善盘。刚需和改善型客户最讲究的是性价比，因为他们是这个城市里面最有活力的、最有可能买房的人。所以必须站在对方的角度来选择他们所期望的楼盘，这样在未来就可以迎合对方的需求，从而套现你的投资价值。

投资回报有保障，必须首先考虑风险，这样在投资的战场，你才能是一名真正的常胜将军。

三、买房买预期，不是买现在

钢筋水泥不值钱，预期与未来才是价值关键。不是越成熟的地段，房地产才有上涨的空间，而是越偏僻的地方，通过你的慧眼发现未来的潜力。只有这样的项目，才可以获得相对超值的投资回报（举例：准开通地铁和已开通地铁；通州城市副中心的确立）。

楼市投资第三个常识是：投资性买房和普通人买房最大的不同，前者买房一定买的是预期，而后者买房一定是买的现在。刚需和改善性客户买房，买的是居住品质，配套完善，孩子上学方便，老人买菜就在楼下，两口子上班出行交通便捷，所以这两类客户买房就是买"现在"。而作为投资者考虑的角度完全不一样，买的是"潜力"和"未来"。正因为一个城市，较为偏远的区域，因为潜力和未来还没有显现出来，所以从现在的角度去分析，这里的房价非常低，从低到高的过程中，作为投资人，才有投资的价值和机会。

所以对于投资高手来说，如何判断一个项目是否具备"潜力"和"未来"就显得至关重要，也是检验你是不是真正的楼市投资高手的时候。那么如何判断潜力和未来呢？以笔者多年的经验，不妨从以下几个方面来判断：一是该区域未来是否有重大的产业规划，比如国家级或者升级的产业新区或新城建设；二是该区域未来是否有地铁或轻轨规划；三是有没有重点中小学进入；四是未来会不会兴建一些大型的配套设施，比如商场、三甲医院等。

举几个例子：2015年通州被正式列为首都副中心，对当地房价就是一个巨大的提升价值；地铁和城铁的规划建设与开通，会大大缩短城市和郊区的距离，会拉升郊区的房价，目前北京正在兴建的北京城区到平谷的轻轨，对平谷的房价上涨起到了巨大带动作用；而知名中小学的引进，会对楼盘房价的提升起到决定性作用，所以名校必然是名盘，名盘房价必然上涨已成定局；而大型配套设施的建设，也会拉升房价，比如万达商场的建设，就快速拉升了对周边公寓类的产品价格。

春江水暖鸭先知，那么我们如何提前获知这些重大信息呢？作为一名专业房地产投资人，首先要关注每个城市政府部门发布的消息，比如每年的政府工作报告、发改委公布的重大项目信息、规划部门的重大规划调整、建设部门发布的招投标公告、教委公布的新的办学点等。功夫不负有心人，从这些部门和信息中，你就能找到自己的"信息金矿"。比如人大通州分校的建立，为了照顾土地方，人大已经答应将人大附小和附中也建在河北大厂，这对当地的房价影响是巨大的，这也是我们投资人最关心的信息点。所以对于投资客来说，"潜力"和"未来"一定要提前抓住，一旦兑现甚至信息公布，投资机会就会瞬间失去。

四、好楼盘的三大宏观要素

以住宅为例，三大宏观要素包括产业支撑、人口吸纳能力和城市基础设施建设。产业支撑主要看三产的金融服务业水平；人口吸纳能力决定城市活力和房价水平，高铁开通一线城市周边受益，而省会高铁开通对三四线城市是个灾难；城市基础设施建设最主要看高铁、地铁和轨道交通。

废话说了一箩筐，现在到了投资者最关注的时刻，即如何选择一个好楼盘进行投资。以笔者十几年的投资经验总结，选择一个好楼盘，必须关注六大要素，分别为三大宏观要素和三大微观要素。我们首先来分析决定一个楼盘是不是优质、未来房价会不会涨的三大宏观要素。第一个就是产业水平和产业升级的能力；第二个要素就是这个城市的人口吸纳水平；第三个要素是所在城市的基础设施的建设力度和水平。

第一个要素就是一个城市的产业水平和产业升级能力，一个城市的产业结构主要由一二三产业组成。如果是以第一产业农业为主，比如河南省，河南省总体的房价水平相对较低，当然郑州作为省会城市，云集和垄断了全省的产业资源，所以造成了一城独大，房价一枝独秀的局面另当别论，但其他城市如洛阳、许昌、安阳的房价则相对较低。如一个城市以第二产业为主，主要构成是轻工业或者重工业城市，比如河北唐山的重工业，浙江温州的轻工业，这些城市在前10年中国走向世界，对外贸易的黄金发展期，房价快速上涨，但随着劳动力成本的增加，中国制造的衰落，房价后期属于疲软的发展阶段。如果一个城市的产业以第三产业服务业为主，尤其是金融、高科技领域为主要产业的话，那么这样的城市房价上升的潜力最大，虽然产业结构的不断调整和产业水平的不断升级，当前一线城市北上广深和热点的省会城市，比如南京、杭州，服务业已经成为主导产业和核心产业。

除了不同的城市存在巨大的产业差异之外，同一城市不同区域也存在较大差别。以天津为例，核心城区的和平区是金融中心，南开区为高教园区，而环城四区北辰、西青、东丽和津南则是天津核心城区产业的有效补充，承接一部分外溢功能，而滨海新区则为第二个国家级产业新区，北方经济中心，则主要以制造业和金融后平台、大数据处理为主。

通过一个城市的产业布局和功能分析，我们可以清晰地看出：全国的一线城市和省会城市的第三产业最为发达。而在同一个城市里，城市的核心区域和新兴的潜力发展区域，则以第三产业尤其是金融服务业为主。第三产业尤其是高端的金融、科技、高教园区的比例越高，房价发展的潜力越大。所以这是好楼盘的第一宏观要素。

潜力楼盘的第二要素就是这个城市的人口吸纳能力水平。众所周知，人口数量的多少，优质人口数量的多少，决定了这个城市的活力和房价的水平。从人口数量上来看，户籍人口千万级别以上的特大城市基本上锁定在一线城市北上广深，加上重庆和天津两个直辖市，而500万人口以上的特大城市基本上集中在省会城市，比如郑州、武汉、济南、长沙、南昌等城市。当然如果加上流动人口，那么中国千万级别以上的特大城市人口数量还会增长。除了人口数量，人口质量也非常重要，尤其是青壮年人口、中小学生人口数量，直接决定了这个城市的发展动力。

对于一线城市来讲，由于云集了全国的产业、教育和医疗资源，就业机会多，教育质量好，医疗养老有保障，所以吸引了全国的人口；这几年省会城市也模仿一线城市，万千宠爱集中在省会，所以省会迅速变胖变壮，人口吸纳能力也在逐渐增强。近年来，由于一线城市人口过快增长，加上房价增速过快，城市人口正在逐步新陈代谢，高精尖人口进来，低收入低素质人口外溢，因此比如北京、上海、深圳这样的超级大都市出现人口外溢到燕郊、昆山、东莞或佛山等地区，也造就了一线环周边城市人口迅速聚集，房价快速上涨。

而全国高铁网络的迅速建成，也改变了城市人口的流向，这其中最大的利好就是省会城市，由于城市之间的交通距离因为高铁大大缩短，比如郑州是全国米字型高铁的中心点，武汉作为九省通衢的全国交通枢纽，吸引了大量本省和相邻省份的人口入驻这两大城市，人口的快速涌入也造就了这两大城市房价的翻番式的上涨。而城市之间，由于轻轨和地铁的开通，也带动了人口快速从市中心向郊区的迁徙，比如北京轻轨的开通，大量城八区人口开始涌向房山、大兴、昌平等地区，同时也流入了燕郊、大厂和固安等区域，但人口素质有高低，收入有差异，选择的区域也不一样，从而也造就了区域间房价的差异，比如燕郊的涨幅就远不如北京郊区，而北京郊区的房价房山涨不过大兴，大兴涨不过通州，这些都是人口质量和背后购买能力的反应。人口数量决定房价活力，人口质量决定房价高低，好楼盘的第二要素是城市人口的吸纳能力。

好楼盘的第三个宏观要素就是城市基础设施建设，基础设施建设决定了这个城市的规模、发展水平以及城市不同区域的均衡性发展。其代表性的关键因素有三个：一是高铁；二是轨道交通；三是配套设施建设。前两者，高铁和轨道交通的里程和轨道数量决定了城市与城市之间的人口流动速度和数量，高铁和轨道交通的里程和轨道数量的增加会加速人流和物流之间的流通。城市配套设施，产业园区的建设会吸引大量的就业人口，而重要的生活配套，如商场和医院，会让大量居住人口从城区流向郊区，从一个城市流向另外一个城市。

以重庆为例，这个城市的房价一直不温不火。但随着近几年政府逐步加大对城市基础设施的建设投入，取得的成绩有目共睹。良好的基础设施全部集中在重庆的核心城区以及两江新区，因此近年来厚积薄发，房价从2016年年底开始起飞，进入迅速的发展阶段。

对于投资客来讲，选择好楼盘把控好以上三大宏观要素显得非常关键。我们不难发现，遵从以上三大要素：产业发展水平和升级能力、人口吸纳水平、城市基础设施建设。符合以上三大条件的城市无外乎集中在三类：一是一线城市；二是热点的省会城市；三是一线城市的环周边城市。

五、地王效应不可忽视，如何判断哪些区域会出地王？

地王是区域一手、二手房价上涨的最直接信号，跟对就是跟赚。如何判断哪些地段会出地王，一看每年的土地上市计划；二是多看政府公报，多观察品牌房企动向，地王周边的房产不会错。

近年来，全国各地尤其是一二线城市，地王出现数量越来越多，概率也越来越频繁。尤其是一线城市每年都有区域出现地王。地王对市场的带动作用非常明显，最突出的有三点：一是释放出来房价上涨的信号。周边房价每平方米卖3万元，出来一块地王，楼面地价达到每平方米3.1万元，土地的面粉价格超过了商品房面包的房价，面粉价格超过面包，大家都知道未来房价要涨；二是经验告诉我们，地王出现的当天或者第二天，周边的新房和二手房第一反应就是价格上涨；三是助长了开发商拿地的热情，造成土地价格上涨。

所以这对于广大的投资人来讲，如何快速有效地判断哪个区域会出现地王，直接影响自己投资的战果。第一时间掌握到地王信息非常关键，而且如果地王信息掌握得越早，投资获利就有可能最大化。那么问题来了，如何判断哪些城市，或者是哪些地区会出现地王呢？

我们不妨以济南这样的省会城市为例。作为投资人，首先要了解这个城市的规划，看哪些区域是重点打造的区域。比如当前济南是往东发展，重点发展的区域是CBD，要举全省之力打造一个全新的CBD。其次要关注当地土地部门的供地计划，既然东区CBD是重点，就要看这个区域有没有重点供地计划，如果当年有，推出的地块很有可能就是地王。除了济南比如一线城市北京，五环以内的区域基本上都是地王。但如果像其他城市，比如重庆地王出现的概率很有可能在两江新区，如果是成都就非常有可能在天府新区，如果是沈阳这样的城市，则有可能在自贸区。关键要了解城市，了解规划发展，了解土地供应信息。

当然除了投资人自己了解，最主要还是要靠内幕或者小道消息。因此专业的投资人必须是眼观六路，耳听八方，提前打探一些信息。比如最直接的中国房企品牌前30强的公司，要和这些公司的战略发展部、土地拓展人员搞好关系，因为他们掌握了第一手的全国土地信息，对于哪些土地有价值，哪些属于潜力区域了如指掌，不妨和这些高手多交流多沟通，相信会收获意外之喜。